中/华/少/年/信/仰/教/育/读/本

中国古代建筑

中华少年信仰教育读本编写委员会 / 编著

信仰创造英雄　信仰照亮人生

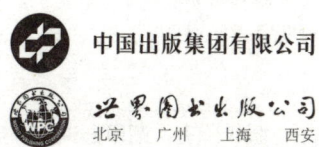

中国出版集团有限公司

世界图书出版公司
北京　广州　上海　西安

图书在版编目（CIP）数据

中国古代建筑 / 中华少年信仰教育读本编写委员会编著 . — 北京：世界图书出版公司，2016.5（2024.5 重印）
ISBN 978-7-5192-0873-8

Ⅰ.①中… Ⅱ.①中… Ⅲ.①古建筑—中国—青少年读物 Ⅳ.① K928.71-49

中国版本图书馆 CIP 数据核字（2016）第 051643 号

书　　名	中国古代建筑 ZHONGGUO GUDAI JIANZHU
编　　著	中华少年信仰教育读本编写委员会
总 策 划	吴　迪
责任编辑	刘梦娜
特约编辑	滕伟喆
出版发行	世界图书出版有限公司北京分公司
地　　址	北京市东城区朝内大街 137 号
邮　　编	100010
电　　话	010-64033507（总编室）　（售后）0431-80787855　13894825720
网　　址	http://www.wpcbj.com.cn
邮　　箱	wpcbjst@vip.163.com
销　　售	新华书店及各大平台
印　　刷	北京一鑫印务有限责任公司
开　　本	165 mm×230 mm　1/16
印　　张	13
字　　数	169 千字
版　　次	2016 年 8 月第 1 版
印　　次	2024 年 5 月第 5 次印刷
国际书号	ISBN 978-7-5192-0873-8
定　　价	48.00 元

版权所有　翻印必究

（如发现印装质量问题或侵权线索，请与所购图书销售部门联系或调换）

序　言

信仰是什么？

列夫·托尔斯泰说："信仰是人生的动力。"

诗人惠特曼说："没有信仰，则没有名副其实的品行和生命；没有信仰，则没有名副其实的国土。"

信仰主要是指人们对某种理论、学说、主义或宗教的极度尊崇和信服，并把它作为自己的精神寄托和行动的榜样或指南。信仰在心理上表现为对某种事物或目标的向往、仰慕和追求，在行为上表现为在这种精神力量的支配下去解释、改造自然界和人类社会。

信仰，是一个人在任何时候都不能丢的最宝贵的精神力量。人有信仰，才会有希望、有力量，才会树立正确的价值观，沿着正确的道路前行，而不至于在多元的价值观和纷繁复杂的世界中迷失方向。

信仰一旦形成，会对人类和社会产生长期的影响。青少年是社会的希望和未来的建设者，让他们从普适意识形成之初就接受良好的信仰教育，可以令信仰更具持久性和深刻性，可以使他们在未来立足于社会而不败，亦可以使我们的伟大祖国永远立于世界民族之林。

事实上，信仰教育绝不是抽象的、概念化的教育，现实生活中，我们有无数可以借鉴的素材，它们是具体的、形象的、有形的、活生生的，甚至是有血有肉的。我们中华民族有着几千年的辉煌历史，多少仁人志士只为追求真理、捍卫真理，赴汤蹈火，前仆后继；多少文人骚客只为争取心中的一方净土，只为渴求心灵的自由逍遥，甘于寂寞，成就美名；多少爱国志士只为一个"义"字，不惜抛头颅、洒热血。他们如滚滚长江中的朵朵浪花，翻滚激荡，生生不息，荡人心魄。如果我们能继承和发扬这些精神和信仰，用"道"约束自己的行为，用"德"指导人生的方向，那么我们的文明必将更加灿烂，我们的国运必将更加昌盛。

正基于此，"中华少年信仰教育读本系列丛书"应运而生。除上述内容外，本丛书还收录了中国人民百年来反对外来侵略和压迫，反抗腐朽统治，争取民族独立和解放，前赴后继，浴血奋斗的精神和业绩，尤其是中国共产党领导全国人民为建立新中国而英勇奋斗的崇高精神和光辉业绩；不仅有中国历史上涌现出的著名爱国者、民族英雄、革命先烈和杰出人物，还有新中国成立以后涌现出的许许多多的英雄模范人物。

阅读这套丛书，能帮助青少年树立自己人生的良好的偶像观，能帮助青少年从小立下伟大的志向，能帮助青少年培养最基本的向善心，能帮助青少年自觉调节自己的行为，能帮助青少年锁定努力的方向，能帮助青少年增加行动的信心和勇气。

习近平总书记说："人民有信仰，民族才有希望，国家才有力量。"因此我们有理由相信：少年有信仰，国家必有希望。

中华少年信仰教育读本编写委员会

目 录

第一章　水利工程：百代民生的福泽 / 001

水利工程，德传百代 / 001

最佳典范——都江堰 / 003

秦朝的灵渠 / 007

地下水利工程——坎儿井 / 009

中国的经济大动脉——京杭大运河 / 012

第二章　宫殿：搭起来的史书 / 017

帝王的威严 / 017

规模和规则 / 020

紫禁城的建造构想 / 026

最高典范——紫禁城 / 030

沈阳故宫 / 041

第三章　桥：架起来的路 / 046

古老的桥文化 / 046

天下第一桥——赵州桥 / 049

福建桥梁的状元——洛阳桥 / 052

最早的启闭式桥梁——广济桥 / 055

最美丽的石桥——卢沟桥 / 058

独具风韵的风雨桥 / 060

沉睡在洛河水下的迷人风景——天津桥 / 062

最古老的铁索桥——霓虹桥 / 065

第四章　寺庙：祭祀的庄重 / 067

佛寺的建筑形式 / 067

中国第一古刹 / 070

汉藏深情——大昭寺 / 072

禅宗祖庭——少林寺 / 075

壮观悬空寺 / 078

儒家的殿堂——曲阜孔庙 / 080

三晋明珠晋祠 / 084

祭坛：敬畏的心 / 088

第五章　古塔：永恒的纪念 / 095

"塔"的由来 / 095

四大古塔 / 097

大雁塔的传说 / 107

清净之地班禅塔 / 109
琼岛白塔 / 113
夕阳下的雷峰塔 / 116
前卫歪塔 / 119

第六章　园林：游乐与观赏 / 121

园林的历史 / 121
皇家第一园林——承德避暑山庄 / 125
皇家的最后一座园林 / 128
苏州园林 / 131
亭：凭栏之处 / 136
山无楼阁即无味 / 148

第七章　陵墓：死亡的辉煌 / 156

陵墓的艺术 / 156
神秘的王国 / 159
中国的金字塔 / 163
最大的皇家陵园 / 166
皇陵之冠 / 169

明代建筑的实物历史——十三陵 / 172

地下佛堂属东陵 / 175

风水宝地在西陵 / 178

第八章　民居：家之所在 / 181

民居概述 / 181

冬暖夏凉的陕西窑洞 / 184

四合院的礼制 / 187

山西大院 / 189

石头民居 / 191

傣家竹楼 / 192

客家土楼 / 194

吊脚楼和鼓楼 / 196

江浙民居 / 197

广东民居 / 198

第一章 水利工程：百代民生的福泽

水利工程，德传百代

水是生命之源。人类生活和生产活动不能缺少水这个重要资源，同时，水也是经济社会可持续发展的基础。中国在水资源开发和利用上的发展历史悠久。从上古时代起，中国劳动人民就致力于水旱灾害的防御，人们所熟知并为之骄傲的大禹治水就是最好的例证。

几千年来，由于历代政府的重视，中国古代的水利事业一直处于向前发展的趋势。夏朝时，人们就掌握了原始的水利灌溉技术。到了西周时期，就构成了蓄、引、灌、排的初级农田水利体系。春秋战国时期，都江堰、郑国渠等一批大型水利工程的完成，促进了中原、川西农业的发展。其后，农田水利事业由中原逐渐发展到全国。

两汉时期，水利系统主要广泛发展于北方地区（如六辅渠、白渠），同时大的灌溉工程也已跨过长江。魏晋以后，水利事业继续向江南推进，到唐代基本上遍及全国。宋代更掀起了大办水利的热潮。

元、明、清时期的大型水利工程虽不及之前兴修的多，却仍在不断发展，且地方小型农田水利工程兴建的数量越来越多。至此，各种形式的水利工程在全国几乎到处可见，发挥着显著的效益，实为"小水利，大民生"。

公元19世纪后，由于帝国主义列强入侵以及连年战争，中国的近代水利处于停滞状态。直到公元1930年前后，中国才有一些近代水利工程。公元1949年中华人民共和国成立，全国进行了大规模的水利建设，水利资源事业得到了迅速发展，防洪除涝、农田灌溉、城乡供水、水土保持、水产养殖、水力发电、航运等都取得了很大成就。

到了现代，中国七大江河治理力度不断加大，防洪体系基本形成。除了对大江大河的治理以外，中小河流已成为治理洪涝灾害的重点。

的确，中国在七大江河的治理方面下了很大功夫，而绝大多数中小河流还从未经过系统治理，防洪标准低，许多中小河流防洪标准仅为3—5年一遇洪涝水灾，有的甚至根本不设防，对防洪安全构成严重威胁。根据国家水利部公布的数据表明，目前中小河流水灾损失约占全国水灾损失的80%。

与此类似的还有水库。在中国的87 000多座水库中，小型病险水库的隐患日渐突出。公元2010年汛期，全国垮了11座小型水库，核心原因都是年久失修。为此，中国已经开始着手准备，力争通过5—10年努力，从根本上扭转水利建设明显滞后的局面。其中一项关键任务是，在"十二五"期间基本完成重点中小河流重要河段治理，包括大江大河支流、独流入海河流和内陆河流；同时，全面完成小型水库除险加固。

在"小水利，大民生"的号召下，全国各地开展了"治水"之战。

公元2009年8月—2010年4月间，广西发生夏、秋、冬、春四季连旱，大石山区河溪断流，大量储水设施干涸，2 258 500人发生严重饮水困难，1 236 900 居民需要送水。这场历时 9 个月的大旱，彻底暴露了大石山区水生态之脆弱、水设施之薄弱。

大旱图大治，公元 2010 年 4 月 15 日，自治区启动大石山区人畜饮水工程建设大会战。为期两年，投入 23 亿元资金，惠及大石山区 30 个县 1 200 000 多人口的重大民生水利工程建设大会战打响。

短短两个年头，一大批蓄引水工程建成投用，群众生产生活条件迅速改善，大石山区以往常见的送水现象变得少见了，大会战人畜饮水工程抵御旱灾、引水惠民"功德"彰显。

山东紧紧围绕保障民生推进水利发展，通过发展水利促进民生改善，民生水利惠泽千家万户，正在日益改善着城乡百姓的生产生活。

临沭县龙潭水库始建于公元 20 世纪 70 年代，由于年久失修，坝体渗漏严重，不仅其灌溉功能失效，而且还危及周边村民的生命和财产安全。公元 2009 年 9 月，在省财政的扶持下，临沭县启动了龙潭水库除险加固工程。经过近一年的建设，工程于公元 2010 年 6 月汛期到来之前投入使用，总投资 32 770 000 元。

文登市有各类水库 73 座，这些水库大都建于公元 20 世纪五六十年代，限于当时条件落后和重建轻管的影响，存在严重隐患，成为威胁防汛安全的"定时炸弹"。公元 2008 年，文登投资 20 000 000 元首先对 20 座病险隐患严重的"头顶库"进行了除险加固。目前 50 座病险水库已全部"康复"，起到了蓄水防洪的作用。

在人与水的博弈间，水利工程的建设是没有尽头的，而它所带来的益处将不可估量，正所谓"水利工程，德传百代"！

最佳典范——都江堰

都江堰，中华民族智慧文明、科学创造的结晶——世界水利史上的璀璨明珠。秦昭襄王五十一年（公元前256年），郡守李冰率领蜀地各族人民创建了这项彪炳史册、千古不朽的水利工程。

最早，都江堰名为"湔堋"。因为都江堰旁的玉垒山，在秦汉以前叫"湔山"，而那时都江堰周围的主要居住民族是氐羌人，他们把堰叫做"堋"，而由此得名"湔堋"。三国蜀汉时期，都江堰地区设置都安县，改称"都安堰"，又叫"金堤"，为了突出鱼嘴分水堤的作用，用堤代替堰作名称。到了唐代，都江堰改称为"楗尾堰"。因为当时用以筑堤的材料和办法，主要是"破竹为笼，圆径三尺，以石实中，累而壅水"，即用竹笼装石，所以称为"楗尾"。

从宋代开始，把整个都江堰水利系统工程概括起来，叫都江堰，才较为准确地代表了整个水利工程系统，一直沿用至今。在宋史中，第一次提到都江堰是这样描述的："永康军岁治都江堰，笼石蛇决江遏水，以灌数郡田。"所谓都江，根据《蜀水考》上说："府河，一名成都江，有二源，即郫江，流江也。"流江是检江的另一种称呼，成都平原上的府河即郫江，南河即检江，它们的上游，就是都江堰

内江分流的柏条河和走马河。《括地志》说："都江即成都江"。

都江堰，位于四川省都江堰市（原灌县）境内，是岷江上的大型引水枢纽工程，也是现有世界上历史最长的无坝引水工程。这项工程主要有鱼嘴分水堤、飞沙堰溢洪道、宝瓶口进水口三大主体工程和百丈堤、人字堤等附属工程构成，科学地解决了江水自动分流、自动排沙、控制进水流量等问题，消除了水患，使川西平原成为"水旱从人"的"天府之国"。自从都江堰建成的 2 000 多年来，这项举世瞩目的水利工程一直发挥着防洪灌溉等作用。

古时候，都江堰以竹笼、木桩和卵石为主要建筑材料。以竹编笼内填卵石，用来建造鱼嘴分水堤、飞沙堰、内外金刚堤和人字堤等工程。每年岁修（指每年有计划地对各种建筑工程进行的维修和养护工作）需更换竹笼 10 000 多条。为了减少每年岁修的工程量，历代水工和劳动人民不断谋求工程结构的改造，尤以鱼嘴分水堤为重点。元代曾以石料修砌鱼嘴分水堤，并在其顶端铸铁龟；明代岁修时，用铁牛来起到分水的效果；清代又继续使用砌石鱼嘴分水堤。然而，这些岁修工程均因基础不稳，未能持久。公元 1936 年，改以竹笼为基础，前端与两侧护以木桩，其上修筑砌石鱼嘴，工程延续时间较长，直至公元 1974 年修外江闸时改建成钢筋混凝土结构。

如上所说，鱼嘴分水堤是都江堰的重要分水工程，因其形如鱼嘴而得名。它昂头于岷江江心，把岷江分成内外二江。西边叫外江，俗称"金马河"，是岷江正流，主要用于排洪；东边沿山脚的叫内江，是人工引水渠道，主要用于灌溉。

飞沙堰是都江堰三大件之一，看上去平凡无奇，功用却非常之大，可以说是确保成都平原不受水灾的关键要害。飞沙堰溢洪道具有泄洪排沙的显著功能，故又叫它"飞沙堰"。它的作用主要是当内江的水量超过宝瓶口流量上限时，多余的水便从飞沙堰自行溢出；如遇特大洪水的情况，它还能自行溃堤，让大量江水回归岷江正流。

另一个作用就是"飞沙",岷江从万山丛中急驰而来,挟着大量泥沙和石块。如果这些沙石顺内江而下,就会淤塞宝瓶口和灌区,所以将这些泥沙和石块迅速排出是很关键的。

宝瓶口起到了"节制闸"的作用,能自动控制内江进水量,是前山(今名灌口山、玉垒山)伸向岷江的长脊上凿开的一个口子。它是人工凿成控制内江进水的咽喉,因它形似瓶口而功能奇特,故名宝瓶口。留在宝瓶口右边的山丘,因与其山体相离,故名离堆。离堆在开凿宝瓶口以前,是湔山虎头岩的一部分。由于宝瓶口自然景观瑰丽,有"离堆锁峡"之称,属历史上著名的"灌阳十景"之一。

都江堰水利工程充分利用当地西北高、东南低的地理条件,根据江河出山口处特殊的地形、水脉、水势,乘势利导,无坝引水,自流灌溉,使堤防、分水、泄洪、排沙、控流相互依存,共为体系,保证了防洪、灌溉、水运和社会用水综合效益的充分发挥,其最伟大之处是建造2 000多年来经久不衰,发挥着愈来愈大的效益。

都江堰水利工程,以其"历史跨度大、工程规模大、科技含量大、灌区范围大、社会经济效益大"的特点享誉中外、名播遐迩,在政治、经济、文化三方面,都有着极其重要的地位和作用。堰功人物,代代相济;文人墨客,多会于此。特别是新中国成立以来,共和国三代领袖及众多党和国家领导人,外国元首、政要和专家学者,都曾莅临巡视、观览和考察。

都江堰的创建，以不破坏自然资源，充分利用自然资源为人类服务为前提，变害为利，使人、地、水三者高度协调统一，成为世界最佳水资源利用的典范。

秦朝的灵渠

灵渠也称湘桂运河，位于广西壮族自治区兴安县境内，全长36.5公里，分渠首枢纽段、南渠段和北渠段，是现存世界上最完整的古代水利工程，与四川的都江堰、陕西的郑国渠并称为"秦代的三大水利工程"。

灵渠建成于秦始皇三十三年（公元前214年），迄今已有2200余年的历史，共分南北两渠，主要工程包括天平、铧嘴、渠道、陡闸和秦堤。

天平是自动调节水量的工程，紧接在铧嘴之后，两侧分别向南北伸延，和分水塘两岸相接，与铧嘴合成"人"字形。用条石砌成，有内堤和外堤，内高外低，成斜坡状。平时拦河蓄水，导湘江上游来水入渠道，保证渠道里有足够的水通航；汛期，多余的水越过堤面泄入湘江故道，保证渠道的安全流量。既可拦水，又能泄洪，不用设闸起闭，能自动调节水量，保持渠水相对平稳。

天平又分为大、小天平和泄水天平。大天平在北侧，长344米，宽12.9—25.2米；小天平在南侧，长130米，宽24.3米。泄水天平有4处，南渠3处，北渠1处，采用侧堰溢洪控制入渠流量，或用石筑堤障阻故道使蓄水缓缓而进，保护渠堤安全。

铧嘴是指建在大、小天平顶端向江中延伸的一道石堤。其基础是用松木打桩，外围用条石砌筑，中间填砾石和泥沙。因它"前锐后钝"形似犁铧之嘴，故称铧嘴，根据清末陈夙楼的《重修兴安陡河碑记》记载，光绪十一年（公元1885年），兴安发生特大洪水，将铧嘴和大、小天平冲毁，重建铧嘴时缩短30丈（100米）。公元2005年，兴安县人民政府依据国家文物局的批复，组织对铧嘴进行了按原状修复，现铧嘴由大、小天平交汇处至嘴顶端长186米，宽约22.8米。

铧嘴的3个作用：一是为了分洪，减轻洪水对大、小天平的冲击力。铧嘴正踞河心，洪水经铧嘴顶托，迫使向两侧分流，压力也分向两岸，然后顺大、小天平进入南北二渠，起着保护大、小天平的作用；二是为了"三七分水"。根据史料记载，在正常情况下，上游来水经铧嘴分水后，70%顺大天平流入北渠，30%顺小天平流入南渠，因而"有三分漓水七分湘"之说；三是为了导航。铧嘴将上游来水一分为二，在它的两侧形成一片静水区，南来北往的船只循着静水区航行，比较安全。

渠道是灵渠的主体工程，分南、北两渠。南渠从南陡口引水入渠，向西北经兴安县城、大湾陡、铁炉陡，连接始安水，入灵河，折向西南经青石陡与石龙江、螺蛳水、大溶江汇合，进入漓江，全程33.15公里。从南陡口到大湾陡一段为劈开三道土岭的山麓挖出的渠道，一面靠岭脚，另一面靠人工筑砌的堤岸维护。自大湾陡至铁炉陡一段则凿通太史庙山，形成深陷的渠槽。铁炉陡以下利用自

然河道拓展改造而成。渠道水面宽6—50米，水深0.2—3米，利用陡闸，足可行船。北渠开挖在湘江河谷平原上，几乎与湘江故道平行。由大天平拦水入渠，做"S"形行进，至高塘村对面汇入湘江，流程3.25公里。

灵渠设陡闸是为了集中比降，提高水位，蓄水通舟。陡门设置在渠道较浅、水流较急的地方，分布于南北二渠。陡门较多的时期是宋、明两代，最多时有36陡，其中南渠31陡，北渠5陡，至今仍有遗址可查。陡门都用方形石块叠砌而成，两岸相对做半圆形，弧线相向。陡堤上凿有搁面杠的凹槽，一边堤根有搁底杠的鱼嘴，水底铺鱼鳞石。塞陡用竹箔。船来之时，先架陡杠（包括面杠、底杠和小杠），再将竹箔逆水置在陡杠上，等水位升高到可以行船时，将陡杠抽去，船就可过陡门，使往来船只"循崖而上，建瓴而下"，出现爬山越岭的奇观。陡门最宽者6.8米，最窄者4.7米，大部分为5.5—5.9米。

秦堤是灵渠保护性工程，是南渠从南陡口至兴安县城西大湾陡的一段堤岸，长3.15公里。这一段渠道是劈山开成的，和湘江故道平行推进，堤岸壁立，采用巨石砌筑，工程艰巨，宽2—10米，高为2—7米。

灵渠渠首处用拦河坝壅高湘江水位，将南渠通过穿越分水岭的人工渠道引入漓江上源支流，并对天然河道进行扩挖和整治后，入漓江；将北渠另开新渠屈曲于湘江右岸再入湘江。用拦河大小天平、用条石砌的溢流坝、铧嘴（导水分水堤）、湘江故道和泄水天平，综合地实现了分水、引水和泄洪等项功能。郭沫若先生称为："与长城南北相呼应，同为世界之奇观。"

地下水利工程——坎儿井

坎儿井古称"井渠"，是利用吐鲁番盆地地面坡度引用地下水的一种独具特色的地下水利工程,与万里长城、京杭大运河并称为"中国古代三大工程"。

说起坎儿井的历史,可谓源远流长。"坎儿"即井穴,汉代在今陕西关中就有挖掘地下窖井技术的创造,称"井渠法"。汉通西域后,汉人们发现塞外地区水资源匮乏且土质较松易崩,就将"井渠法"的取水方法传授给了当地的百姓。

在干旱的荒漠地区,水是极其宝贵的资源。有了"井渠法"作为基础和借鉴,这种方法在新疆逐渐本土化,并根据当地的独特地理环境进行了改进,之后就形成了坎儿井。

新疆境内大部分是荒漠和戈壁,生存条件恶劣。吐鲁番盆地北部的博格达山和西部的喀拉乌成山,春夏时节有大量积雪融水流下,或直接流入谷地,或进入地下。有了源源不断的雪山融水,就有可能依靠"井渠法"来获取并储存丰富的水源。

于是,人们开始利用山的坡度,挖掘竖井,将水源引入人工开凿的地下河道,巧妙地将这些水源收集起来,以备灌溉,就形成了坎儿井。后经各族人民的辛勤劳作,逐渐趋于完善,发展为适合新疆条件的坎儿井。

提到吐鲁番盆地,那里是众所周知的"火炉",常年高温少雨,可是吐鲁番的绿洲面积却在逐年扩大,这与坎儿井的功劳是密不可分的。进入吐鲁番盆地,浩瀚的戈壁滩上那一行行排列整齐的锥形土堆;冬季,那升腾着一股股热气的地方,就是坎儿井的井口。

坎儿井主要分布在吐鲁番盆地、哈密和禾垒地区,尤以吐鲁番地区最多,共有上千条,总长度达5 000公里。其中吐鲁番市为538道,鄯善418道,托克逊180道,年径流量达2.94亿立方米,占吐鲁番总灌溉面积的30%以上,堪称"地下运河"。

这条长长的"地下运河"由竖井、明渠、暗渠、涝坝四部分组成。竖井是运出井下泥沙、石砾的通道,也用于通风和送气。井口呈长方形，长1米、宽0.7米左右。竖井的深度因地势和地下水位高低不同而有深有浅，一般是越靠近源头就越深，最深处可达90米以上。形象地说，竖井就相当于坎儿井的吸管，吸取土壤中富余的水源，从而补养给下游干旱的土地。每口竖井之间的距离随坎儿井的长度而有所不同，一般相隔20—70米就会有一口竖井。越是水源上头，间距越短，反之，间距则越长。也正因为如此，一道坎儿井内的竖井少则十多口，多则上百口。

明渠建立在地面上，与暗渠相连接，坎儿井水注入涝坝，然后引入渠道灌溉田地。

暗渠是坎儿井的主体，即地下水河道，一般高约1.7米，宽约1.2米，如果加以计算，其挖出的土方量将是一个惊人的数字。

涝坝好比池塘，用于储存坎儿井的水，以备当地百姓日常使用。南疆地区干旱酷热，蒸发量大，坎儿井利用地下暗渠输水，还可以有效地减少蒸发，流量稳定，且不受季节、风沙的影响。此外，不用提水工具就可以引取上游深埋几十米甚至百多米的地下潜流，进行自流灌溉，非常科学。

每条坎儿井的长短，因地理环境实际利用而不同，一般长度在3—8公里，最长的可达20公里左右，而短的也只有100米左右。如果平均每条按4公里计算，总长度超过5 400公里，比黄河还要长。

坎儿井是中

国古代劳动群众根据地理条件、太阳辐射和大气环流的特点,经过长期生产实践创造出来的,堪称一项伟大的地下水利工程。它收集清泉浇灌滋润吐鲁番的大地,使火洲戈壁变成绿洲良田,生产出驰名中外的葡萄、瓜果和粮食、棉花、油料等。现在,尽管吐鲁番已新修了大渠、水库,但蕴含着古代劳动人民智慧坎儿井在现代化建设中仍发挥着生命之泉的特殊作用。

中国的经济大动脉——京杭大运河

在中国,有一项举世瞩目的运河工程,它历史久远,规模宏大,区域广泛,被人们称为"活态的文化遗产"。这项工程就是京杭大运河。

京杭大运河工程在隋唐运河基础上,经过元、明、清三代持续不断改进、完善,最后形成了一大世界奇观。它北起全国政治中心大都(今北京市),南到太湖流域的杭州,途经天津市和河北、山东、江苏、浙江四省,贯通海河、黄河、淮河、长江、钱塘江五大水系,全长约1 794公里,开凿至今已有2 500多年的历史,是中国运河工程发展史上的结晶,集历代运河工程技术的大成,堪称世界航运工程史上的杰作。

京杭大运河的修建历史由

来已久。春秋时期，杭州至镇江的江南运河大致就已形成，隋代曾进行了大规模的整修，成了隋南北大运河的南段。早期，淮河以北利用泗水通运。南宋时，黄河夺泗水入淮海，徐州东南就利用黄河河道行运，徐州向北至济宁仍利用泗水做运道。

至元二十年（公元1283年），开通济宁以北至安山的济州河；公元1289年，会通河从安山至临清接通卫河。后来，济州河、会通河统称会通河。临清以北利用卫河（后称南运河）通天津。自天津由北运河至通州，都是天然河道。至元三十年（公元1293年），通州至北京的通惠河贯通，以西山泉水为起点，以北京城内的积水潭为运河的终点。至此，京杭大运河全线贯通。

隆庆元年（公元1567年），为防止黄河泛滥危害运河，开通南阳新河，把南阳至留城间的一段从昭阳等湖西移至湖东。万历三十二年（公元1604年），为避免徐州至宿迁段黄河上的航运困难，自夏镇（今山东省微山县城）经台儿庄至宿迁县西开河。清康熙二十七年（公元1688年），从宿迁至清口开通中运河，代替此段黄河运道。至此，运河与黄河完全分离，仅在清口交叉，由"借黄行运"改为"避黄行运"，京杭大运河最后定型。

新中国成立后，于公元1950和公元1957年分别兴修水利，开挖苏北灌溉总渠，兴建三河闸、淮安和皂河枢纽、江门船闸、杨柳青船闸及宿迁船闸，对古老的京杭运河进行了部分恢复和扩建工作。

公元1958—1961年期间，为使江苏徐州地区的大量煤炭及时运往南方，保证华东地区工农业生产的需要，同时结合江水北调工程，重点扩建了徐州至长江段400千米以上的运河河段，增建了解台、刘山、泗阳、施桥4个枢纽，并兴建了施桥、邵伯、淮安、淮阴、泗阳、刘山、解台7座大型船闸。公元20世纪70年代，又增建了刘老涧、皂河两个大型船闸，以及江苏南段入江口门的谏避船闸，使江苏北段运河单向货物年通过能力达20 000 000吨，江苏南段运河货运量达 80 000 000 吨，同时还扩大了运河沿岸的灌溉和排涝面积，确保了下河地区 15 000 000 亩农田和 8 000 000 人民生命财产和安全。

京杭大运河按其历史上穿越的地形和水域特征，可分为闸河段、湖区段、天然河段、河运交汇段。这漫长的航道，开凿固然十分艰难，维持它的长期正常通航更是不易。中华民族凭着自己的聪明才智和几千年来在治水实践中积累的丰富经验，在京杭大运河上创造性地建设了宏大的工程系统和完善的管理系统，破解了六大世界性难题。

六大世界性难题的破解，着实彰显了中国人民建造水利工程的智慧与才能。

其一是创建了梯级船闸工程系统。船闸雏形是斗门，相当于单闸。公元 423 年，扬州附近运河建造了两座斗门，也是京杭大运河工程中最早的闸门。公元 984 年，创建了著名的真州闸，比西方建造的荷兰船闸要早约 400 年，成为世界上最早的复式船闸。到了元代，船闸技术用来解决船队翻山的问题，就在会通河上的临清与济宁之间建造了 31 座船闸，这就是世界上最早的梯级船闸。明代的时候，梯级船闸数量增至 38 座。在整个京杭大运河上，这 38 座船闸有序地运作，不断提升和降低水位，使得浩浩荡荡的运输船队能够平稳地翻山越岭。

其二是创建了南旺分水工程。这一工程始于元代，建成于明代永乐年间。船队要翻山越岭，必须找准分水岭才能在制高点有效控制分水岭两边的河道合理分流用水，以满足船队上行与下行的航运要求。京杭大运河开通之初，分水岭选在济宁附近，但运行结果并不令人满意。后来在当地有经验的老人的建议下，将地址改为济宁以北的汶上县南旺。经过周密的规划，又以南旺为中心，构建了完善的分水枢纽工程，实现了"七分朝天子，三分下江南"的合理分流，确保了漕运船队顺利翻山越岭，体现了很高的航运枢纽规划水平和工程技术水平。

其三是创建了黄、淮、运交汇的清口水利枢纽工程。运河北上，淮河西来，黄河南下，三者交汇于清口（今淮安），形成了世界上罕有的大江大河平交格局。

整条京杭大运河上，南下北上的漕运船队要在复杂的水系格局下，特别是汛期黄河洪水泥沙的威胁下，保持漕运的安全畅通，是极其困难和极具风险的挑战。这一难题一直困扰了京杭大运河几百年。此后，历朝历代也为解决这一难题，不断兴筑，最终形成了一套系统的工程措施，保证了运道的畅通。其措施包括：通过开伽河、中河，使运河逐步脱离黄河的直接干扰；不断加修高家堰大堤，拦截淮水尽出清口，并辅以引河等措施，约束淮水冲刷清口和三河交汇区域黄河淤沙，保持运口的畅通；不断改建、完善交汇处的运口码头，避免黄河洪水的直接冲击和泥沙的淤积，以致码头不断前移、清口不断后退，运闸十分复杂；在交汇地区黄河堤岸和高家堰大堤大量增建减水闸和滚水坝，确保不断淤积的河床和洪泽湖在黄、淮汛期高水位下不致危及运道和里下地区河道的安全。

不断完善和维护这套工程体系，成为明代后期和清代治河与保证漕运措施的重点工程和中心任务。这是在当时科技、经济水平落后的情况下，中国古代人民坚持与恶劣的自然条件进行了几百年的殊死较量，这样的做法在世界治河史和航运史上都是独一无二的。

其四是发明创造了航运节水工程澳闸和调节水柜。公元984年，复式船闸在中国创建，此时中国的航运工程技术向前迈进了一大步。虽然技术领域得以迈进，但是仍然存在弊端。每次开闸时，总是要走泄一部分水量，这在严重缺水河段仍然是亟待解决的问题。为进一步解决航运的节水问题，北宋时期人们在淮扬河段又创建了节水型船闸——澳闸，使部分水量能够重复使用。这是航运工程技术的又一发明创造，距今已近千年，更令人感叹的是，这项古老的发明创造在当今看来，是完全符合现代船闸的节水设计理论与实践的。

京杭大运河穿越长江的扬州与镇江的渡口工程，也是解决运河与大江大河平交问题的创举。为了保证京杭大运河中的船队穿越长江的便捷和安全，历朝历代都在不断创新思路，兴筑工程，以适应江潮变化造成的影响。元、明、清时期，运河脱离黄河之前，运道在徐州茶城进入黄河和在山东临清进入卫河都有这样的交汇问题，人们因地制宜、因河制宜地创造了丰富多样的河运交汇工程措施。

其五是创建了航运安全工程系统。京杭大运河的河槽段（徐州至淮阴）和湖槽段（淮安至扬州）在很长一段时期都是"借河行运"或"借湖行运"。因此，在汛期来到时，航运都面临着洪水的威胁。为了保证运道的安全，人们在堤岸适当位置建设了一系列的防洪安全工程——滚水坝和减水闸。当河、湖水势过大或运河中水位过高，对运道或船队安全造成威胁时，由滚水坝或减水闸将洪水排泄掉，保证了航运的顺利。

其六是创建了一整套工程建设管理系统。在漫长的运河建设与运河管理实践中，华夏民族的祖先不断总结出一整套京杭大运河的工程建设指挥体系、运河管理指挥体系、漕运运输指挥体系，并制定了一套完善、严密的章程规划、制度措施。为保证京杭大运河历代浩大工程的建设目标得以成功实现和保持运道长久通畅提供了重要保障。

在人类发展史中，开凿最早、里程最长、工程最大的京杭大运河有着不可撼动的地位。这条奔腾的运河一路驰骋，翻山越岭，纵穿五大水系，将中国南北贯通，为中华文明的源远流长写下注脚；它是人类进入工业文明之前在水利运输工程上取得的最高成就，体现了中华民族适应自然、改造自然，与自然和谐共处的杰出智慧；它保持着强大活力，迄今仍是中国经济发展的大动脉。

第一章 宫殿：搭起来的史书

中国具有五千年的悠久文明，有着光辉灿烂的古代文化。古代建筑作为一种实用的物质，同时也反映了一定历史时期的文化。中国是一个多民族的国家，各民族都有自己的艺术风格，因此建筑方面也形成了各自的独特风格。

中国建筑具有悠久的历史传统和光辉的成就，不仅具有实用的功用，而且也是美术鉴赏的重要对象。它们是中国古代劳动人民智慧的结晶。由于它们是能亲眼看见、能延续的文化形态，社会上还有这样一种说法，即"建筑是石头的史书"。

孕育于文明古国灿烂文化中的古典建筑艺术，在世界建筑史上占有极重要的地位。中国古代建筑可以从近现代上溯到六七千年以前的上古时期，其中封建社会是中国古代建筑发展成熟的主要阶段。

帝王的威严

根据考古资料和文献记载，公元前16世纪的商朝就已经有了宫殿建筑。当时的宫和殿是分开的，宫是居住建筑的通用名，殿就是指大房屋。秦汉以

后，宫殿才成为帝王居所中重要建筑的专用名，逐渐具有了皇家特有的威严。

夏朝的建立使中国进入了奴隶社会时期，同时也开启了中国的文明时代。宫殿建筑在这一时期也得到了初步的发展。商朝在都城殷建立了当时最大的房子，有高约1米的土台子，房屋长和宽分别达到了80米和14.5米。这就是所谓的"殿"。公元1959年发现的河南偃师二里头商都城遗址，是迄今为止发现的最早的宫殿遗址，被称为"华夏第一王都"。从遗址上可以看出，其夯土台长、宽均为百米，台上建有八开间的殿堂，周围有廊。此时建筑物中已经融入了木构技术，已有斧、刀、锯、凿、钻、铲等加工木构件的专用工具。

随后的周朝在此基础上有所发展，在王城的中心建起了一组建筑物，前面有五重宫门，中间有三道宫室，木构架和夯土技术均已成熟，并取得了进一步的发展。商、周两代还处于中国的奴隶社会时期，当时的生产力还很低下，能建造出这样复杂的建筑已实属不易。

春秋战国时期，出现了许多都邑，夯土技术已广泛使用于筑墙造台。西周兴建了丰京、镐京和洛阳的王城，春秋战国的各诸侯国均各自营造了以宫殿为中心的都城。这些都城均为夯土版筑，墙外掘有城濠，辟有高大的城门。宫殿布置在城内，建在夯土台之上，木构架已成为主要的结构方式，且饰用彩绘屋顶已开始使用陶瓦。这标志着中国古代建筑已经具备了雏形，不论夯土技术、木构技术还是建筑的立面造型、平面布局以及建筑材料的制造与运用，甚至是色彩、装饰的使用，都已经初具规模。

公元前221年，秦始皇吞并六国，建立中国历史上第一个统一的封建王朝。中国进入封建社会后，生产力有了进一步发展。秦朝都城咸阳的宫室规模大大地超过了前代，成为自成体系的建筑群体。秦始皇在咸阳城大兴土木，修筑都城、宫殿和陵墓等。今天从阿房宫遗址和始皇陵东侧大规模的兵马俑列队坑中，足见当时建筑之宏大雄伟。虽然秦朝的很多建筑已无缘得见，但是通过遗址和文献记载，人们可以想象秦朝高超的建筑水平。

汉代继承秦朝的建筑技巧，建造了长乐宫、未央宫、建章宫。西汉末年，楼阁建筑逐渐兴起，从文献记载中得知，当时的宫殿建筑是没有门窗的，只在柱子间挂上帷幔。未央宫西跨城池作飞阁通建章宫，可见当时的宫殿多为台榭形制。

随着汉朝大一统局面的结束，历史进入了魏晋南北朝那个动荡不安的时代。魏晋南北朝的宫殿建筑虽没有大的发展，但是也有它本身的时代性。东汉末年，印度佛教传入中国，尤其到了南北朝时期，佛教得到了统治者的高度推崇，随即在中国兴盛起来，佛教建筑也就应运而生。印度的建筑风格传入中国，虽没有从根本上改变中国的建筑风格，但也使中国建筑形式更加多样。据记载，汉末以来中国出现了大量的寺、石窟等建筑，这就使这一时期的中国建筑融进了许多传自印度（天竺）、西亚的建筑形制与风格。宫殿建筑作为中国建筑的主体当然也受到了佛教思想的影响，主要体现在宫殿建筑的藻井绘画等方面。魏晋南北朝时期，宫殿建筑的藻井绘画，出现了佛教人物等和佛教有关的内容。

宫殿建筑经过了魏晋南北朝的缓慢发展，在隋唐时期又迎来了它的第二个发展高潮。唐代是中国古代社会的繁盛期。在规划严整的长安城内，宫殿建筑集中在宫城和皇城里，处于城市的北部。公元634年在长安城外建造的大明宫，是一组规模很大的建筑群，主要建筑沿着中央的轴线布置。其中的主殿称含元殿，它建造在一个地势略高的台地上，前面有很长的坡道直达殿前。主殿的两翼还有伸向前方的配殿，形成三面环抱的格局，气魄十分雄伟，反映了那个时代强盛的国力。

宋代迁都到河南的开封，它的宫城居于都城的中心部分。宫城内的主要宫殿也是沿着中央轴线布置，城的四面有城门，四角建有角楼。元朝统一中国后，在都城建造了规模庞大的宫殿建筑群，宫殿建筑组成的皇城位于全城的中心。宋元时期形成了以皇城为中心的建筑理念，而且是按纵轴线分布的。

明、清时期，建筑更加规范，布局更加合理。明朝营造了南北两京，即现在的南京和北京。明成祖朱棣为了更好地防御北方胡人的侵犯将都城迁至北京，并开始建造宫殿，即现在的故宫。不过，我们现在看到的故宫是经过明、清两代的建设修葺才呈现出来的。当时，人们更习惯称它为紫禁城。紫禁城名字的由来和当时人们信奉的天象有关。依照中国古代星象学说，紫微垣（即北极星）位于中天，乃天帝所居，皇帝又是天之骄子，所以皇帝的居所就称紫禁城。

宫殿建筑经过封建社会的发展，逐渐形成了融入中国特色思想的建筑艺术。从历史的角度来看，中国古代的宫殿建筑都呈现出相似的特点。

规模和规则

秦汉时，修建了气势磅礴的朝宫和汉三宫（长乐宫、未央宫、建章宫），共同形成了中国宫殿建筑的第一次高潮。此后，随着朝代的更替出现了大兴宫、大明宫、兴庆宫等，无不气势雄伟，规模庞大。过去的辉煌都已湮没在历史的尘埃里，如今唯有从文献资料和遗址中才能稍稍领略古代宫殿的风采。

古代宫殿建造特点

1. 以木结构为主

中国五千年文明发源于黄河流域，所以黄河被中国人亲切地称为母亲河。黄河流域在没开发之前植被茂密，中国人很早就会就地取材，利用木材来建造建筑物。这个传统被封建社会很好地继承并发展，形成了封建社会宫殿建筑的一大特色——以木结构为主，其实这也是中国古代建筑最大的特色。

木构梁柱约在春秋时期已初步完备并被广泛采用，到了汉代发展得更为成熟。这个体系的特点是用木料做成房屋的构架，先从地面上立起木柱，在柱子上架设横向的梁枋，再在这些梁枋上铺设屋顶，所有房屋顶部的重量都由梁枋传到柱子，经过柱子传到地面。而用土、砖、石或者其他材料筑成的墙，只起到隔断的作用而不承受房屋的重量。

木构结构大体可分为抬梁式、穿斗式、井干式，以抬梁式最为普遍。抬梁式结构是沿房屋进深在柱基础上立柱，柱上架梁，梁上重叠数层瓜柱和梁，再于最上层梁上立脊瓜柱，组成一组屋架。平行的两组构架之间用横向的枋联结于柱的上端，在各层梁头与脊瓜柱上安置檩，以联系构架与承载屋面。檩间架椽子，构成屋顶的骨架。这样，由两组构架可以构成一间，一座房子可以是一间，也可以是多间。

斗拱是中国木构架建筑中最特殊的构件。这也是中国在建筑方面的重要发明，它有着非常悠久的发展史。

从两千多年前战国时代采桑猎壶上的建筑花纹图案，以及汉代保存下来的墓阙、壁画上，都可以看到早期斗拱的形象。最早的斗拱实物为战国四龙四凤方案。斗是斗形垫木块，拱是弓形短木，它们逐层纵横交错叠加成一组上大下小的托架，安置在柱头上用以承托梁架的荷载和向外挑出的屋檐。

到了唐、宋，斗拱发展到高峰，从简单的垫托和挑檐构件发展成为联系梁枋置于柱网之上的一圈"井"字格形复合梁。它除向外挑檐、向内承托天花板以外，主要功能是保持木构架的整体性，成为大型建筑不可或缺的部分。宋以后木构架开间加大，柱身加高，木构架结点上所用的斗拱逐渐减少。

到了元、明、清，柱头间使用了额枋和随梁枋等，构架整体性加强，斗拱的形体变小，不再起结构作用了，排列也较唐宋更为丛密，装饰性作用逐渐增强，成了显示等级差别的饰物。

2. 独特的单体造型

中国古代的宫殿建筑通常是单栋建筑物。古代的宫殿建筑是皇帝为了巩固自己的统治、突出皇权的威严、满足精神生活和物质生活的享受而建造的规模巨大、气势雄伟的建筑物。

宫殿中的建筑物凡是重要的都建在台基上。台基是一座房屋的基础，房屋需要坚实稳固在立面上，四平八稳。柱框部分要支撑沉重的屋顶，屋顶的重力通过竖立的柱子传送到平稳的台基上，这就是所谓的"立木顶千金"。柱框与屋顶之间的雀替、斗拱所产生的曲线和椽头形成的圆点过渡，形成了3层连绵不断的圆和曲线。以太和门外连檐通脊的东西庑房为例，无论远观近看，其雀替所形成的曲线美，是一般建筑所不能比拟的。

单体建筑的平面又分为长方形、正方形、六边形、八边形等，结合木结构，使宫殿建筑的主体可以灵活地处理。

再者屋顶的形式也是多样的。早在汉代已有庑殿、歇山、悬山、囤顶、攒尖几种基本形式，并有了重檐顶。以后又出现了勾连搭、单坡顶、十字坡顶、盂顶、拱券顶、穹隆顶等许多形式。为了保护木构架，屋顶往往采用较大的出檐。但出檐有碍采光，以及屋顶雨水下泄易冲毁台基，因此后来采用反曲屋面或屋面举折、屋角起翘，令屋顶和屋角显得更为轻盈活泼。而宫殿建筑多采用庑殿式、歇山式，宫殿中不同的殿有不同的房顶形式，这也是等级制度在建筑方面的体现。

宫殿建筑的屋顶，无论从建筑的功能要求、建筑轮廓还是造型艺术出发，都体现出了中国古代建筑丰富而又有秩序的美感。重脊的顶端为骑凤仙人，后面依次排列龙、凤、狮子、天马、海马、狻猊、狎鱼、獬豸、斗牛、行什。古代建筑上的脊兽，可见的行什仅一处，就是在太和殿上。把这些小兽依次排列在高高的檐角处，象征着消灾灭祸、逢凶化吉，还含有剪除邪恶、主持公道之意。

宫殿布局原则

1. 前朝后寝

"前朝后寝"的布局形式是随着宫殿的出现而出现的，早在周朝时的宫殿就已经遵循这个原则了。当时前朝被称为"朝政用房"，后寝被称为"寝居用房"。秦咸阳和汉长安城的宫室规模大大地超过了前代，都成为自成体系的建筑群体，不但有供皇帝处理政事的宫殿，而且还有专供皇帝居住和游乐的建筑区。唐代是中国封建社会的鼎盛时期，在规划严整的长安城内，宫殿建筑集中在宫城和皇城里，不管是长乐宫、未央宫还是后来建造的建章宫，都是前朝后寝的形制。宋代及后来的几个朝代更是加强了这种形制，明显分出"工作区""生活区""游玩区"等。

朝代不断更替，但是这种形制却始终没变，说明这符合了时代特点。皇帝是国家的统治者，身负国家兴亡的重任，当然也要把"工作"放在首位。前朝是皇帝登基、完婚、寿诞、命将出征、每逢重大节日接受百官朝贺和赐宴的场所。后寝部分主要包括皇帝、皇后以及宫妃生活起居的场所，如乾清、交泰、坤宁三宫、东西六宫，以及御花园等娱乐服务性建筑。这种合乎实际功能需要的"前朝后寝"的布局原则成了历代皇宫营造的基本格局。

2. 左祖右社

中国有句俗话"百事孝为先"，崇敬祖先、提倡孝道始终是中华民族的美德，这深入人心的思想必定会影响到宫殿建筑。根据《周礼·春官·小宗伯》记载，"建国之神位，右社稷，左宗庙"。帝王宫室建立时，基本遵循左祖右社的原则。宗庙的空间位置应当在整个王城的东或东南部，社稷坛的空间位置则在西或西南部，这种做法一直沿袭下来。

所谓"左祖"，是在宫殿左前方设祖庙，祖庙是帝王祭拜祖先的地方，因为是天子的祖庙，故称太庙。所谓"右社"，是在宫殿右前方设社稷坛，社为土地，稷为粮食，社稷坛是帝王祭祀土地神、粮食神的地方。中国封建社会是小农经济，土地粮食是国家的经济命脉，因此将社稷放在了如此重要的位置。现存的北京中山公园名为"五色土"的方形大平坛，就是明朝永乐年间营造北京时建的社稷坛。

3. 三朝五门

《左传》和《礼记》记载周朝的宫室制度时写道，在宫室的大门前面有阙。阙是一种高台建筑，用于登高远望，又称为宫阙，它是观察防御、揭示政令、纳取臣子建议的地方。其后有五重宫门，叫做皋门、英门、路门、库门、雉门，起到壮大威慑力的作用。再往后有大朝、内朝和外朝三朝。北京故宫的"五门"是大清门、天安门、端门、午门、太和门；三朝是太和殿、中和殿、保和殿。

三朝五门的宫殿布局在礼制上一直被后代皇帝所延续，但是在建筑形式上根据实际情况需要又有所改变和发展。根据帝王朝事活动内容的不同，分别在不同规模的殿堂内举行。自古就确立了3种朝事活动的殿堂，名为"三朝制"。所谓"三朝"是指大朝、内朝、外朝。与三朝相对应的建筑，是奉天殿（太和殿）、华盖殿（中和殿）、谨身殿（保和殿）。"五门制"，是在举行大型朝事活动的宫殿庭院前，沿中轴线以五道门及辅助建筑构成四座庭院，作为大朝宫殿前的前导空间。

4. 轴对称

历代的宫殿都有一个明显的特点，都是呈轴对称分布。这是受古代思想"天子为尊""天人合一"等思想的影响呈现出来的特点。为了表现君权受命于天和以皇权为核心的等级观念，中轴线上的建筑高大华丽，轴线两侧的建筑低小简单。重要建筑从南至北依次排开，布局严谨，秩序井然。这种布局充分体现了古代社会皇权的至高无上和唯我独尊。

宫殿的文化内涵

1. 宫殿与礼仪

中国早在四千年前就进入了文明时代，向来以礼仪之邦为傲。《礼》是儒家经典四书五经中的五经之一，是历年历代宣传和学习的经典。中国人都特别注重礼节，宫殿建筑中体现的礼节主要是尊卑有序。《礼记》第一篇《曲礼上第一》说得很清楚："夫礼者，所以定亲疏、决嫌疑、别同异、明是非也。"又说："道德礼义，非礼不成。教训正俗，非礼不备。……君臣、上下、父子、兄弟，非礼不定。"礼是决定人伦关系、明辨是非的标准，是制定道德仁义的规范。《易传》称："天尊地卑，乾坤定矣；卑高以陈，贵贱位矣。"《左传》说："贵贱无序，何以为国。"儒家认为礼就是秩序与和谐，其核心是宗法和等级制度，人与人、群体与群体都存在着等级森严的人伦关系。在古代社会中被提的频率极高的尊卑意识、名分观念和等级制度，不仅贯穿于人际的政治待遇、社会特权、家族地位，而且渗透到了社会生活、家庭生活、衣食住行的各个领域。在建筑上，等级制往往通过建筑类型、房屋的宽度、深度、屋顶形式、装饰的不同表现出来，建筑成了传统礼制的一种象征与标志。

宫殿建筑以现存的紫禁城来说，从它的布局上能直观地看出尊卑有序。再就是一些细节的装饰之处，还是以故宫为例。宫殿建筑的重要大门用的是一种木板门，上面有一排排的门钉，这些门钉最初是用来固定木板的钉子头，后来逐渐演变为一种装饰，并成为区分建筑等级的一种标志。明代规定,皇宫建筑的大门用红门金钉,以下官吏根据级别大小分别用绿门、黑门,用铜钉、铁钉。门钉数量上也有等级的规定。皇宫大门的钉最多,9路9排共81枚钉;往下依次是7路7排49枚;5路5排25枚。一副简单的板门记载着专制社会的等级制度,社会思想如此明显地反映在建筑装饰中,实在令人为之一叹。

2. 宫殿是皇权的象征

作为建筑,宫殿除了具有最基本的居住、办公、游乐功能之外,还具有重要的象征意义。它是至高无上的皇权,是最高政治权威的表征。这种思想最早来源于汉代未央宫和长乐宫的建造。这两宫建于刘邦和项羽楚汉相争的年代。刘邦从前线归来,勃然大怒,斥责负责督建的丞相萧何:"天下匈匈苦战数岁,成败未可知,是何治宫室过度也?"萧何不慌不忙答曰:"天下方未定,故可因遂就宫室。且夫天子以四海为家,非壮丽无以重威"。可见古人早就知道宫殿建筑需壮丽宏大以显示皇帝之重威,历朝历代的宫殿尤其是明、清的紫禁城所表现的,正是这种天朝的无上权威与宏伟气势。

宫殿有着它独一无二的象征意义,也有着它独一无二的建筑特色。封建社会的皇帝都被赋予了"神"的色彩,被认为是"真龙天子"。龙,是皇家专属的神兽,在各朝代的宫殿中不可或缺的就是龙的雕像。而非皇家是不能使用龙作为任何装饰的。还有就是在色彩方面,金黄色是皇家的专属色彩。皇帝的龙袍、宫殿的琉璃瓦等等,都是金黄色,处处体现出皇家的大气与威严。

紫禁城的建造构想

紫禁城即现在的故宫,由明成祖朱棣令人营造,经明、清两代的修建呈现在我们面前。明成祖朱棣于公元1403年夺得帝位以后,将都城由南京迁至北京，命令陈珪和吴中负责规划北京城和建造皇城。这时，对都城的规划已经有了历代祖传的规矩，而且在北京又有元代留下来的基础，紫禁城就是对历代宫殿特点的继承。

公元1407年，陈珪、吴中调集人力，开始了大规模的皇城建造。建造的第一项工作就是准备材料。首先需要大量木料，直至明朝，宫殿建筑依然是木结构，建筑的柱子梁枋，四周门窗全部由木料做成，所以对木料不但需求量大，而且质量要求也高。它们的产地多在浙江、江西、湖南、湖北一带，从产地伐木，将木料趁夏季发水时期送入江河转入长江，再由运河运至北京，紫禁城的木材运输花费了三四年之久。

其次是砖，皇城城墙用砖，建筑的墙和地面用砖，有的地面还得用3层砖铺。据统计，整座皇城建筑需用砖达80 000 000块之多。有的砖质量要求很高，例如用作主要宫殿地面的砖称为"金砖"，它是用一种高质量的泥土烧制成的。这种泥土经过水泡、过滤，将泥土中的杂质都除掉，澄下颗粒很细的土，制坯进窑烧成砖后，还要将砖面打磨平整，用桐油涂抹，所以这种砖又称为"澄浆砖"。因其质地坚硬，表面有光泽，敲之有金属声，故称为"金砖"。"金砖"最著名的产地在江苏苏州一带，所有这些砖多用船经运河送至北京。

石料在宫殿建筑中用量也很大。建筑下面的台基、台基四周的栏杆、石头桥、皇城中主要的路面都用石头建造。为了减少运输困难，尽量在北京附近的房山、曲阳等地取材。但石料的运输毕竟比木料和砖要困难得多，尤其那些体量很大的石雕，例如天安门前的石头狮子和华表石柱，其中最大的要算保和殿北面的那块御路石了。它长达16米，宽3.17米，重200余吨。这是加工完成后的重量，如果按原来的毛料计算，分量还要重得多。这样重的石料是怎么从采石场运到紫禁城的呢？聪明的工匠想出了办法，就是在运输的沿途一路打井，趁冬天取出井水泼在路上结成冰，形成一条冰道，将大石料放在旱船上，沿着冰道用成千上万的人力拉到北京，再在现场进行雕刻加工。

宫殿建筑还要用大量的琉璃瓦。为了就近取材，在北京附近设了好几处烧制琉璃砖瓦的窑场。现在北京城内的琉璃厂和门头沟的琉璃渠都是当年的琉璃窑址。北京西城区现在有一条大木仓胡同，鼓楼附近有一条方砖胡同，就是当时储存木料和方砖的仓库所在地。大木仓当时面积有3 000间房屋那样大，可见宫殿建筑所用木料数量之多。

在为这座金碧辉煌的宫殿备料的同时，对紫禁城的规划也同步进行着。紫禁城的建筑可以分为供皇帝行使统治权力的办公用房和供生活、游乐的休闲用房两大类。前者在古代称为朝政用房，后者称寝居用房。怎样把这大大小小的建筑安排妥当，既要让它们能满足皇帝在工作、生活和游乐等各方面的需要，又要在这些建筑所营造的氛围中显示出帝王统治天下的重威？

在长期的封建社会中，建筑必然会受到社会的政治制度和意识形态的影响。封建集权的政治，严格的等级制度，对天地日月、神明祖宗的膜拜，对阴阳五行、诸子百家的信仰都会直接或间接地影响着建筑的内容和形式。这种影响在宫殿建筑中自然表现得更加明显，尤其在紫禁城，有些封建社会的政治制度和意识形态几乎成了规划设计时的直接指导原则。

在总的安排上，紫禁城继承了前代的制度，即"前朝后寝"，朝房安排在前面，寝居部分安排在后面。前朝部分主要有太和、中和、保和3座大殿，其中最主要的是太和殿，它是国家举行重大典礼的地方。

在建筑群的规划上，在太和殿前面安排了一系列的前奏。从皇城大门天安门进去，经过一个狭长的空间到达端门；进入端门又经过一个比较大的广场才到达紫禁城的入口午门；进入午门来到一个扁而宽的广场，眼前突然开阔，三大殿的入口太和门就在广场的北面；经过太和门，进入更为宽广的广场，太和殿就坐落在广场北面高高的台基上。这就是说，从天安门经午门到太和殿，需要经过几重殿门，几重广场。这些殿门和广场在体量和形式上都有变化，广场由狭长到宽广，殿门是大小相间。这一系列的前奏衬托出太和殿的重要地位。

在建筑的安置上，三大殿被共同放在一个高台上。中国古代向来将重要的建筑建在高的台基上以显示它们的威势，所谓"高台榭，美宫室"就是这个意思。现在太和、中和、保和3座大殿共同建在一个台基之上，台基有3层，共高8.17米。另外，在广场两侧有两座配殿及其他的房屋相围，它们的体量都比三大殿小很多，都建在比较低矮的台基上，从总体环境上更加突出了太和殿的显赫位置。

后寝部分的房屋类型比前朝的多，这里有供皇帝日常办公的用房，皇帝、皇后、皇太子、皇妃、皇太后等人的居住用房和供他们游乐的建筑及服务性用房。在规划上可以明显地看到把皇帝办公和居住的宫殿即乾清宫、交泰殿、坤宁宫安排在中轴线上，其他建筑分列左右。东西各有六宫供皇妃居住；东西五所是皇太子住地；东有祭祖宗的斋宫，两侧有拜佛诵经的佛堂；还有专供皇族游玩的御花园；供皇帝退位当太上皇时使用的宁寿宫，等等。这些大大小小的建筑群之间都有通道相联系，它们排列在中轴线的两边，多而不乱，显得很有次序。

从总体布局上看，代表专制皇权的主要建筑都集中在紫禁城的中轴线上，其中最主要的太和殿又处于前朝的中心位置。从建筑本身上看，太和殿在整座紫禁城中体量最大，用的是最高等级的重檐庑殿式屋顶、最高等级的金龙和玺式彩画以及最讲究的菱花槅扇门窗。总之，这座代表专制皇权的宫殿无论在地位、在体量、在装饰等各方面都居于首屈一指的位置，充分地体现了皇权为中心、皇权第一的思想。

宫殿建筑屋脊上有一系列琉璃小兽做装饰。这种走兽装饰的最高等级也规定用9个，即龙、凤、狮、天马、海马、獬豸、斗牛、狻猊、押鱼，从前到后依次排列。紫禁城前三殿中的太和、保和殿与后三宫中的乾清、坤宁宫屋顶上用的都是9个；中和殿、交泰殿就只能用7个；太和门地位重要，用的也是7个，比它次要一点的乾清门只能用5个；我们在御花园的一些亭、阁上则看到只用3个走兽了。这当然是合乎等级制的，但是这里又出现了一个问题：太和殿、保和殿、乾清宫都是用9个走兽，又怎样突出太和殿的与众不同呢？于是，工匠在太和殿的9个走兽后面又特别加了一个"行什"。行什是一只带翅膀的猴子，不属于九兽之列，在这里算是一个压队的吧，这样才能把太和殿与其他大殿区别开来，这在古建筑上可算为孤例。

最高典范——紫禁城

紫禁城是当今世界上现存规模最大、建筑最雄伟、保存最完整的古代宫殿和古建筑群。它南北长961米，东西宽753米，占地面积达720 000平方米，有房屋980座，共计8707间。紫禁城建筑千余幢，自然不可能一一介绍，在这里只能集中介绍处于中轴线上的主要宫殿和大门，从中可以见到这一庞大宫殿建筑群的雄伟面貌。

紫禁城是一个硕大的建筑工程，四周由高10米的墙围绕，在城墙四面各设城门一座。城内宫殿建筑布局沿中轴线向东西两侧展开。殿宇楼台，高低错落，壮观雄伟。城之南半部以太和殿、中和殿、保和殿三大殿为中心，两侧辅以文华殿、武英殿两殿，是皇帝举行朝会的地方，称为"前朝"。北半部则以乾清宫、交泰殿、坤宁宫三宫及东西六宫和御花园为中心，其外东侧有奉先、皇极等殿，西侧有养心殿、雨花阁、慈宁宫等,是皇帝和后妃们居住、举行祭祀和宗教活动以及处理日常政务的地方,称为"后寝"。此外还有斋宫、毓庆宫、重华宫等等,前后两部分宫殿建筑总面积达163 000平方米。整组宫殿建筑布局谨严,秩序井然,寸砖片瓦皆遵循着封建等级礼制,映现出帝王至高无上的权威。

午　门

这是紫禁城的正门,位置居中向阳,位于子午线上,故名午门。我们对这个名字并不陌生,经常在电视剧中听到的一句话就是"拖出午门斩首"。不过这里不仅是行刑的地方,皇帝发布诏令、战争后接受战俘也都在这里举行仪式。明代对触犯王法的官吏实行杖刑(即打板子),也在午门外广场执行。

午门的体形是中央主殿,呈左右向前环抱的口字形,下面是一座高10多米的城台,台上中央是9间面阔的大殿,东西城台上各有庑房13间,从门楼两侧向南排开,形如雁翅,也称雁翅楼。在东西雁翅楼南北两端各有重檐攒尖顶阙亭一座,连着廊屋向前伸出,

在南端又各有一方形阙楼。阙楼内设钟鼓,何时鸣钟,何时击鼓,都有规定。皇帝祭祀坛庙出午门时鸣钟;皇帝祭祀太庙时击鼓;皇帝升殿举行大典时则钟鼓齐鸣。有阙楼的城门在古代称为阙门,是大门的最高等级,具有一种雄伟的气势。

威严的午门,宛如三峦环抱,五峰突起,气势雄伟,故俗称五凤楼。午门有5个门洞,可在正面只能看到3个,实际上正面还有左右两个掖门,开在东西城台里侧,一个面向西,一个面向东。这两个门洞分别向东、向西伸进地台之中,再向北拐,从城台北面出去。若是从午门的背面看,就有5个门洞了,所以有"明三暗五"之说。当中的正门平时只有皇帝才能出入;皇帝大婚时,皇后可以进一次;殿试考中状元、榜眼、探花的三人可以从此门走出一次。在清代,文武大臣出入左侧门,宗室王公出入右侧门。左右掖门平时不开,皇帝在太和殿举行大典时,文武百官才由两掖门出入。

太和门

这是前朝三大殿的正南门,明朝初期称为"奉天门"。它面阔

有 7 间，坐落在一层石台基上，高 23.8 米，是我国现存古建筑中最高、最大的门。大门前左右各有一只铜狮子蹲在石座上，昂首望着前方。大门前为什么要放狮子呢？狮子原产于非洲，大约在汉代由锡兰国（今斯里兰卡）的安息国王作为一种礼物贡献给汉皇，从此传入中国。狮子性情凶猛，俗称"兽中之王"，把它放在重要建筑大门的两旁以增加这组建筑的威势。我们在天安门前和紫禁城的好几组重要建筑门前都可以见到这种布置，而且还形成了一种固定的格局：即在门左边为雄狮，脚踏一彩球；右边为母狮，足踩一幼狮。

太和门的左右两翼又有昭德、贞度二门；庭院的东西面有协和、熙和二门；各座门之间都有庑房相连，在东北、西北两个角上建有崇楼。所有这些门、楼和庑房的尺度、体量都比太和门小，使太和门在整个广场中突显重要的地位。进入太和门之后，是更大的庭院。东西宽仍是 200 米，南北深约 190 米，足以容纳万人的仪仗队伍。它们与太和门一起组成一组气势宏伟的入口。清朝入关的第一位皇帝顺治进入紫禁城，就是在太和门下达第一项诏令的。

太和殿

太和殿是紫禁城最重要的大殿，被誉为"东方三大殿"之一，俗称"金銮殿"。太和殿不但位于紫禁城的中心地位，而且其体型、装饰等各方面在整个建筑群中都是第一位的。

中国古建筑的大小都是以"间"来计数的，间数越多，房屋也越大。太和殿面阔 11 间，从地面到屋脊共高 26.9 米，建筑面积达 2377 平方米。四周围以白玉石栏杆，栏杆上有望柱头，下有吐水的螭首，每根望柱头上都有装饰，每逢雨季，可呈现千龙吐水的奇观。太和殿是中国现存古建筑中规模最大的木结构殿宇，在现存的古建筑中首屈一指。

中国古建筑的屋顶形式可以分为四面坡的庑殿、歇山、悬山、硬山等几种，庑殿、歇山的屋顶又有单层檐和双层檐两种做法。各类建筑根据它们的大小和重要程度分别采用各式屋顶，所以屋顶形式又成为区分建筑等级的一种标志了。太和殿用的自然是属于最高等级的重檐庑殿式屋顶。屋顶上全部用的是黄色琉璃瓦，在蓝天的衬托下闪闪发光。

太和殿的墙和门窗全部是红颜色，在下面白色台基的衬托下，也显得非常鲜艳夺目。太和殿从上到下、从里到外都进行了装饰。屋顶正脊的两端各有高达3米的正吻，样子是一个龙头，张嘴含着正脊，尾巴向上翘起。4条屋脊的前端有一串小型兽类，即称为走兽的装饰。太和殿屋脊上的装饰小兽达到了10个，这在中国建筑史上是独一无二的，显示出太和殿至高无上的地位。这里有严格的等级界限，只有金銮宝殿（太和殿）才能十样齐全。太和殿的装饰十分华丽，檐下施以密集的斗拱，室内外梁枋上饰以级别最高的和玺彩画。门窗上部嵌成菱花格纹，下部浮雕云龙图案，接榫处安有镌刻龙纹的鎏金铜叶。

殿内"金砖"铺地，太和殿内地面共铺二尺见方的大金砖4 718块。这些"金砖"烧工精细，烧成之后达到"敲之有声，断之无孔"的程度。烧炼这种砖的程序极为复杂，一块砖起码要炼上一年。太和殿共有72根大柱支撑其全部重量，其中顶梁大柱最粗最高，直径为1.06米，高为12.70米。明代用的是楠木，采自川、广、云、贵等地。楠木往往长在深山老林之中，要采取这种木材十分艰难，为此官员百姓不顾性命安危冒险取材，民间对此有"进山一千（人），出山五百（人）"的说法。

在大殿的顶部有一种称为"藻井"的装饰，就是在天花板的中央部分，向上升起一个方形的井口，井口逐层向内收缩，由四方形变为八角形，到最上面有一条盘龙做装饰，龙身盘卷，龙头向下，龙嘴衔着一个球形镜体。

在宝座两侧排列着6根直径1米的沥粉贴金云龙图案的巨柱，所贴金箔采用深浅两种颜色，使图案突出鲜明。宝座前两侧有四对陈设：宝象、甪端（音录端）、仙鹤和香亭。宝象象征国家的安定和政权的巩固；甪端是传说中的吉祥动物；仙鹤象征长寿；香亭寓意江山稳固。宝座下面是木制的平台，台上安放着皇帝坐的御椅，御椅后面有7扇宽的屏风，前面两侧分列着香炉、香几、孔雀等摆设。如果说太和殿是整座紫禁城的中心，那么皇帝的宝座应该是中心的中心了。

整座太和殿，从屋顶到门窗都充满着装饰。在这里，用得最多的就是龙纹的装饰。龙，是中华民族的象征。关于它的起源，学术界至今有很多争论。有的学者认为它是原始时代的一种图腾标记；有的学者认为龙是天上的云彩和闪电变幻而成的形象；也有学者认为龙就是生物界恐龙或者鳄鱼的形象。不论它的起源如何，我们现在看到的龙形则是综合了诸种动物的形象逐渐发展而形成的。它是中华民族崇敬的一种神兽，这是大家公认的。

自从汉武帝把自己称为龙的儿子以后，历代帝王都喜好自称为

"真龙天子",认为自己是上天派到人间来统治百姓的。于是,皇帝居住的建筑称为龙宫,皇帝穿的衣服称为龙袍,皇帝坐的椅子称为龙椅,皇帝所用的器具都用龙做装饰。太和殿前面台基中央皇帝走的御道上有9条石雕的龙。在屋檐下、在天花板上、在藻井里画满了各种姿态的龙。在门窗上也布满了木雕龙纹。在皇帝的宝座上,从台基、屏风到御椅无一处不雕着龙纹。在大殿的琉璃瓦顶上,正脊两头的正吻和屋脊上的走兽,虽说不是龙,也被称为龙的儿子。有人统计过,太和殿的上上下下、里里外外共有装饰性的龙12 654条,真可谓是龙的天下了。

中和殿与保和殿

中和殿是外朝三大殿之一,处在太和殿和保和殿之间,是皇帝到太和殿上朝之前做准备的地方。中和殿平面呈正方形,面阔、进深各为3间,四面出廊,金砖铺地,建筑面积580平方米,相对于太和殿来说是微不足道,但是也有它自身的特点。

中和殿的屋顶为单檐四角攒尖,屋面覆黄色琉璃瓦,中为铜胎鎏金宝顶。殿四面开门,正面三交六椀槅扇门12扇,东、北、西

三面槅扇门各4扇,门前石阶东西各一出,南北各三出,中间为浮雕云龙纹御路,踏跺、垂带浅刻卷草纹。门两边为青砖槛墙,上置琐窗。殿内外檐均饰金龙和玺彩画,天花为沥粉贴金正面龙。殿内设地屏宝座。门窗的形制则取自《大戴礼记》所述的"明堂",避免了3座大殿的雷同。

中和殿的大殿平面呈方形,黄琉璃瓦四角攒尖顶,正中有鎏金宝顶。中和殿内宝座前左右两侧没有两只金质四腿独角异兽。它是想象中的一种神兽,传说日行18 000里,懂得四方语言,通晓远方之事。放在皇帝宝座两旁,寓意君主圣明,同时也为烧檀香之用。放在中和殿地平台两侧的铜薰炉,是用来生炭火取暖的。清代宫中烧用的是上好木炭,叫"红萝炭"。这种木炭气暖而耐烧,灰白而不爆。宝座两旁还放着两乘肩舆,俗称轿子,是清代皇帝在宫廷内部使用的交通工具。

保和殿是皇帝举行御试的地方,就是皇帝亲自对各地区选上来的进士举行最后考试的地方。殿内面积较大,里面设有皇帝的宝座,但它的规模和讲究程度都不能与太和殿相比。

从外观上看，保和殿面阔 9 间，进深 5 间，建筑面积 1 240 平方米，高 29.50 米。屋顶是重檐歇山式，上覆黄色琉璃瓦，上檐为单翘重昂七踩斗拱，下檐为重昂五踩斗拱，上下檐角均安放 9 个小兽。六架天花梁彩画极其别致，与偏重丹红色的装修和陈设搭配协调，显得华贵富丽。

殿内金砖铺地，设雕镂金漆宝座坐北朝南。东西两梢间为暖阁，安板门两扇，上加木质浮雕如意云龙浑金毗庐帽。建筑上采用了减柱造做法，将殿内前檐金柱减去 6 根，使空间更加宽敞。殿内设计得金碧辉煌，殿外也是格外大气蓬勃。

保和殿后阶陛中间设有一块雕刻着云、龙、海水和山崖的御路石，人们称之为"云龙石雕"。这是紫禁城中最大的一块石雕，长 16.57 米，宽 3.07 米，厚 1.70 米，重为 250 吨。图案是在山崖、海水和流云之中，有 9 条嬉戏宝珠的游龙，它们的形象栩栩如生，动态十足。这块巨大的石头产自京西房山大石窝。为了将这块巨石运到北京，人们挖空心思想到了"冰道"的方法。这种拖运方式虽然艰难困苦，但也充分显示出劳动者的才能和智慧。

保和殿外的望柱下面有千余个石雕龙头，每当雨天时，雨水就从龙口中排出，使分流雨水的实用功能与建筑艺术的观赏功能有机地结合在了一起。这一奇异的美景被称为"千龙吐水"，寓意着福气绵延不绝。

乾清宫

乾清宫是后三宫之首，"乾"是"天"的意思，"清"是"透彻"的意思，一是象征天下太平祥和、国家安定；二是象征皇帝的所作所为像清澈的天空一样坦荡、光明正大。乾清宫最初是皇帝和皇后居住的寝宫，皇帝也在这里接见大臣，处理一些日常的政务。清代雍正皇帝即位后，将寝宫迁至西部的养心殿，乾清宫就成为皇帝办公的专用宫殿了。

乾清宫面阔9间，进深5间，高20米，用的是最高等级的重檐庑殿顶，上覆有黄色琉璃瓦。乾清宫和前面宫殿的建制差不多，在殿前宽敞的月台上，左右分别有铜龟、铜鹤、日晷、嘉量。铜龟、铜鹤有永享天年之意，放在宫殿前代表着江山永固；日晷是我国古代的计时工具，不仅可以计时，还有皇恩如日、光辉普照的寓意；嘉量是古代的称量工具，全套量器从大到小依次为斛、斗、升、合、龠5个容量单位，嘉量作为标准器具，用作宫廷建筑，象征着皇帝的公正和至高无上，也象征着国家的统一和强盛。

乾清宫建筑规模为内廷之首。明朝的14个皇帝和清朝的顺治、康熙两个皇帝，都以乾清宫为寝宫，在这里居住，有时也是处理日常政务之所。据记载，嘉靖年间发生10余个宫女趁嘉靖帝熟睡之时，企图勒死他的"壬寅宫变"后，世宗移居西苑，不敢回乾清宫居住。清代康熙皇帝以前，这里沿袭明制。清代顺治、康熙年间，乾清宫

与政务关系相当密切,皇帝在这里读书学习、批阅奏章、召见官员、接见外国使节以及举行内廷典礼和家宴。自雍正皇帝移住养心殿以后,这里即作为皇帝召见廷臣、批阅奏章、处理日常政务、接见外藩属国陪臣、贺岁时受贺、举行宴筵的重要场所。一些日常办事机构,包括皇子读书的上书房,也都迁入乾清宫周围的庑房,乾清宫的实用功能大大加强。

坤宁宫与交泰殿

坤宁宫在明代和清初是皇后的居住地,后来把殿内分作两个部分,东部为皇帝大婚时的洞房,康熙、同治、光绪3个皇帝都曾用过这个洞房。西部为萨满教的祭祀场所,里面沿墙设有火炕、大锅,在这里可以宰猪烹肉,举行祭祀仪式。

在乾清、坤宁两座宫殿之间,有一座方形的交泰殿,规模不大。这里是清代皇后在重要节日接受众皇族朝贺的地方,所以在装饰上出现了龙纹和凤纹并用的情况。龙代表皇帝,凤代表皇后,皇家把民间最敬重的两种神兽都占为己有了。这座宫殿和前朝三大殿一样,也是同处于一座平台上,外观上也是二大夹一小,但是在总体规模上,例如台基的高低、建筑周围院落的大小、建筑之间的距离等都比前三殿小得多。

御花园

在紫禁城中轴线最后的一个部分就是御花园。这是专供帝王嫔妃游玩的宫中花园,它的面积并不大,约有12 000平方米,明代称为"宫后苑"。园内主体建筑钦安殿为重檐盝顶式,坐落于紫禁城的南北中轴线上,以其为中心,向前方及两侧铺展亭台楼阁。其中以浮碧亭、澄瑞亭、万春亭和千秋亭最具特色。两对亭子东西对称排列,体现了"天圆地方"的传统观念。园内青翠的松、柏、竹间点缀着山石，形成四季常青的园林景观。其古柏藤萝，皆数百年之物，将花园点缀得情趣盎然。如绛雪轩前摆放的一段木化石做成的盆景，乍看似一段久经曝晒的朽木，敲之却铿然有声，确为石质，尤显珍贵。

沈阳故宫

中国保留下来的古代宫殿建筑除北京紫禁城外，还有一座沈阳故宫。这是清朝还没有入关以前于辽宁沈阳建造的宫殿。沈阳故宫，原名盛京宫阙，后称奉天行宫，位于沈阳市沈河区明、清旧城中心，占地面积约 60 000 平方米，有建筑 90 余所，300 余间。

公元 1621 年，努尔哈赤率领八旗大军以锐不可当之势挺进辽东，并将都城从赫图阿拉迁至辽东重镇辽阳，大兴土木，修筑宫室。然而，在公元 1625 年三月初三早朝时，努尔哈赤突然召集众臣和贝勒议事，提出要迁都盛京（今沈阳），诸亲王、臣子当即强烈反对，但努尔哈赤坚持自己的主张。

努尔哈赤迁都沈阳，更主要的目的是出于战略进取上的考虑。

首先，沈阳乃四通八达之处，其地理位置对当时的满族而言非常有利，北征蒙古，西征明朝，南征朝鲜，进退自如。其次，清太祖努尔哈赤原来是东北女真族（满族）的首领，他在吞并各部落建立后金王国后，将百姓统统组织在八旗之下。8个旗的首领皆由他本人和他的兄弟、儿子、侄子担任，战时统率作战，平时管理户籍、田税、徭役等事，所以旗是努尔哈赤政权的组织形式，旗王成了他政治上的主要辅臣，他经常与八旗诸王和大臣共议国事。原先的都城辽阳，其满汉民族矛盾冲突严重，而沈阳当时还只是个中等城市，人口少，便于管理，这样可以避免满汉矛盾的激化。

努尔哈赤迁都沈阳后，开始建造宫殿。沈阳故宫可以分为东路和中路。东路建筑以居中的大政殿为主殿，这是举行国家大典的殿堂；殿的前面保持了八旗帐幕的形式，建立了10座王亭，除北端的两翼王亭外，其余8座按八旗的序列呈八字形分列左右，这里是召集八旗商议国事的地方。

中路是皇太极继位后，在大政殿的西面另建的一组以崇政殿为主的宫殿建筑。中路南面的大清门是故宫正门，进门经过御道直到崇政殿。崇政殿是皇太极处理国事的主要殿堂，凡朝会、接见使臣、重要宴会都在这里举行。它后面的清宁宫是故宫的寝殿，建在一座3米多高的台地上，前有凤凰楼作为这组后宫建筑的入口，高台后建有5座宫殿供皇帝、皇后和嫔妃们居住。沈阳故宫的西路部分是乾隆皇帝于公元1781年北巡沈阳时增建的建筑群，包括戏台和存放《四库全书》的文溯阁。

东　路

沈阳故宫全图大政殿，原称"大殿"，公元1636年改名"笃恭殿"，康熙时改为今名。它为重檐八角亭式建筑，内部结构为彻上明造，下有大青石修建的须弥坐台基。殿顶为绿剪边黄琉璃瓦，中央为宝瓶火焰珠攒尖顶。殿内有宝座、藻井等装饰。

十王亭，位于大政殿前长195米、宽80米的广场上，自北向南，东侧为左翼王亭、镶黄旗亭、正白旗亭、镶白旗亭、正蓝旗亭；西侧为右翼王亭、正黄旗亭、正红旗亭、镶红旗亭、镶蓝旗亭。这里是左右翼王和八旗办公的地方；南为大红墙，清初为开放式广场，以木栅与宫外相隔。

中　路

大清门：又称"午朝门"，是沈阳故宫的正门，绿剪边黄琉璃瓦硬山顶，面阔5间，中央3间为门道。门外左右为文德、武功两座牌坊。路南有奏乐亭和东西朝房。

崇政殿：又称"金銮殿"，通称"正殿"，是皇太极处理政务、接见使臣的场所，清代历朝皇帝东巡祭祖时也在此听朝理政。面阔5间，绿剪边黄琉璃瓦，单檐硬山顶，前后有出廊，围以石护栏。殿内为彻上明造，和玺彩绘，宝座后有贴金龙扇屏风，旁为贴金蟠龙柱。殿外庭院左右有飞龙阁、翔凤阁、东七间楼和西七间楼。

凤凰楼：原名"翔凤楼"，为清宁宫内院的门楼。高3层，歇山顶，面阔进深各为3间。这里曾是皇帝计划军政要事和举行宴会之地，清朝入关后改为存放历代实录、玉牒、"御影"以及玉玺的场所。

清宁宫：原称"正宫"，公元1625年前后修建，是皇太极登基之前的王府所在地。宫殿位于高3.8米的高台之上，前有凤凰楼，四周为高墙，构成独立的城堡式建筑。宫殿为5间11檩硬山式建筑，绿剪边黄琉璃瓦。东边一间为帝后寝宫，西边4间为神堂，是萨满教祭祀之所。宫前有索伦杆，东为关雎宫、衍庆宫，西为麟趾宫、永福宫。

总体来看，沈阳故宫的东路和中路代表了清朝在入关前的建筑形式，它们与明朝宫殿建筑相比较，有哪些特点呢？

第一，从建筑的总体布局看，沈阳故宫既继承了汉族宫殿的传统，又表现了女真族的特点。无论是东路还是中路的建筑都是按照中轴对称的形式来布置的。

东路大政殿居中，10座王亭左右对称地分列在前面；中路的大清门、崇政殿、凤凰楼、清宁宫等主要殿堂均安置在中轴线上，两边各有配殿布置组成前后几个院落；宫殿还是前朝后寝的格局。这些都是汉族传统的形式。但是东路十王亭的设置本身却表现了女真族后金国的传统。

中路的后寝部分建在高台上，形成前殿低、后宫高的格局，与明朝紫禁城前朝三大殿高居于高台基之上、内廷后三宫低于前朝的布置恰好相反。这种宫高殿低的形式与女真人的生活习惯有关，女真族长期生活在长白山区，习惯居住在高台地。努尔哈赤建立后金国后曾经在新宾、辽阳等地建造宫室，这些建筑也大都建造在高地之上，或者在山地上加筑高台，在高台上再建宫室，这种习惯也自然地被带到沈阳故宫。

第二，在建筑形式上，沈阳故宫还没有完全掌握明朝已经形成的宫殿建筑的传统式样。北京紫禁城的太和殿、乾清宫用的是最高等级的重檐庑殿式屋顶，保和殿、太和门用的是重檐歇山式屋顶，其他建筑也分别按不同的等级而采用不同的屋顶形式，在建筑构造上反映出一整套严格的古代等级制度。但是在沈阳故宫，最主要的大政殿却用了八角形重檐镢尖式屋顶，崇政殿只用了最一般的硬山式屋顶，从建筑风格上就没有反映出这些建筑的地位，而只有靠装饰来显示建筑的重要性罢了。例如，在崇政殿内设置了一座讲究的宝座，宝座下有木台，座上加设了有顶的凉亭，称为堂陛。堂陛的梁枋、御座和屏风上都布满了木雕装饰。殿内顶上虽然没有做天花，但在梁枋上也都绘满了彩画，使简单的硬山顶的崇政殿内依然显得十分华丽。

第三，在建筑装饰上，沈阳故宫既沿用了汉族建筑的传统装饰，又可以看到满族、蒙古族地区特有的一些形式。龙作为皇帝的象征，也被沈阳故宫广泛地采用，大政殿的正面檐柱上特别做了金龙盘绕柱身，龙头探出，左右相对，在中间的枋子上安了一颗带火焰纹的宝珠，组成了一幅立体的二龙戏珠图案。大政殿内的藻井中央也有满涂金色的木雕龙。在崇政殿和大清门的檐廊内，连接内外柱子的短梁完全做成了一条龙的形式，龙头和龙爪伸出在外檐柱子的外面，龙身插入内柱，有的还将龙尾伸入到室内，形象十分生动。这种式样和风格在汉族宫式建筑中是很少见到的。

琉璃很早就成为宫殿建筑的装饰材料，努尔哈赤和皇太极在建造沈阳故宫时，因为附近有海城烧琉璃的基地，所以大量地使用琉璃构件来进行装饰。主要宫殿的屋顶用黄琉璃瓦，有的在四周加用了绿琉璃瓦做边；在硬山屋顶的崇政殿上，除了全部用琉璃瓦外，还在左右两头墙面的博风板和正面墙头上全部用琉璃装饰，几条屋脊和博风板上满布着琉璃的龙，一条接着一条，每条龙的龙头前还有一颗宝珠。龙是蓝色的，中间还有绿色的水浪，在黄色的底子上，衬得色彩十分鲜艳，在屋顶上组成了一条夺目的彩带，极大地加强了这座宫殿建筑的表现力。

第三章 桥：架起来的路

古老的桥文化

桥在中国很普遍，是帮助人们顺利通过水路的一种独特建筑。悠悠五千年，中国大地留存下来的古桥有很多，它们见证了朝代的兴衰和历史的演变。

由于桥最初以架设在水上的形式出现，所以被人们称为"水梁"。据《诗经·大雅》记载，公元前1135年，周文王迎亲，在渭河上创建了世界上第一座浮桥，这也是桥的最初雏形。无独有偶，公元前541年，秦公子鍼曾在陕西大荔东黄河上修建浮桥。此时的桥梁均为木质结构且多为浮桥。这些桥梁的建造，为中国的桥梁的发展提供了不少思路。

随着时代的更迭，自秦汉以后，桥的材质和结构也发生了很多变化，如相继出现的木桥、石桥和索桥。木桥延续了浮桥的材质，但是已不浮在水面之上，而是凌空架设远离水面，方便百姓行走。

提起索桥，人们不禁会想起架设在大渡河上的铁索桥，它因著名的飞夺泸定桥而声名鹊起。然而，索桥不单是铁索一种材质，还有另外一种竹索。中国的竹索桥最早出现在公元前250年，秦国蜀守李冰在四川灌县创造了世界上第一座多孔边疆式竹索桥。中国第一座铁索桥是公元前206年建造的，名为樊河铁索（链）桥，堪称世界首创。

唐代的中国进入了一个新的历史阶段。所谓盛唐，当时国力强盛，经济繁荣。此时，中国古桥建筑也随之发展，新型的桥梁结构开创了中国古桥的一个新篇章——拱券结构在建桥工程上被广泛运用。

由于拱券结构在建桥工程上的广泛运用，桥梁的建筑也从以木料为主，发展到以石料为主。古代石桥中最为出名的要数河北的赵州桥、福建的洛阳桥和广东的湘子桥。它们建筑宏伟，设计别致，构造精美，是中国桥梁建筑史上的杰作。

材质的改变同时也推动了桥梁设计的发展，敞肩式、筏型基础、浮运法等重大技术突破，都在此时期完成。尤其是敞肩式结构的出现，不但使中国石拱桥的建筑如雨后春笋遍及全国，更使桥梁的造型变得更为轻盈美观。

从元朝到清朝的六七百年间，人们继承了古人创造桥梁的建筑技术，继续修筑新桥，同时维修、加固或重建旧桥。在重修古桥方面，古人态度十分认真。当时修桥的负责人肩负着重要的使命，如果重修的桥出现问题，除了事关民生以外，还会影响负责人的声誉。所以，在这个过程中，负责人对选址、造型、用料、设计等都非常重视，以此保证桥梁的美观和质量。这也是大部分古代桥梁能保留到现在的原因之一。

清朝末年，兰州黄河铁桥（后改名为中山桥）的建成，标志着中国桥梁建筑又进入了一个崭新的时期——步入了以钢铁和钢筋混凝土为主要材料的现代化轨道。兰州黄河铁桥于公元1908年2月正式开工修建，动用了大量的人力、物力。当时全部建桥材料（铁件和洋灰）从德国海运到天津，再由甘肃洋务总局从天津转运至兰州，共计1 300 000斤。这座横跨黄河的雄伟大桥，历时3年之久终于呈现在人们眼前，并获得了"天下黄河第一桥"的美誉。

几千年来，中国在桥梁建筑的数量上与日俱增，技术上也在不断突破。造桥技术日臻完善，结构形式愈来愈多。古代桥梁的建设者和工匠们运用巧思，遵从"天人合一"的原则，所以中国古桥之美也主要体现在人和自然的协调统一，刚柔、动静、阴阳、虚实的统一，造型和功能的统一，往往给人以美不胜收的感受。

桥的美可以体现在很多面，有的桥因简单而美，有的桥因精致而美，而雕塑就是一种美化桥梁的艺术手段。雕塑在桥梁构造中发挥着重要作用。比如圆雕，以三维空间为媒介，能够适应桥梁空间特点，在望柱、抱鼓石、桥头堡等四围临空的桥梁构件上，都十分适宜；与之不同的浮雕则在栏板、拱冠石等板块实体上大有用武之地。雕塑所呈现出的是精雕细刻的技艺和栩栩如生的形象，让在桥上往来的人有一种走在艺术品上的感觉。

中国古代桥梁的艺术风格，首先表现在造型上，如曲线的柔和多变；同时，中国古桥十分重视与环境的协调，由于桥的存在，又增加了环境的美。另外，中国古代桥梁的艺术风格还体现在附属建筑和石作雕刻上，许多古桥上都有桥屋、亭、阁、栏杆以及牌坊等，加之远山、小溪，浑然天成，组成一幅美妙的山水画。古人常常用诗来赞美桥梁："驾石飞梁尽一虹，苍龙惊蛰背磨空""水从碧玉环中过，人在苍龙背上行"。这些诗句就是古桥最生动的写照。

随着桥梁建造的不断发展，能工巧匠们还通过各种艺术手段，对桥梁的装饰、环境的美化、桥名的标示等方面进行尝试，使桥梁臻于完美。

到了近代，中国在桥梁的建造上受到了西方的影响，比如为桥命名，就同西方一样——以地理位置为桥命名。相反，中国古代桥梁的名字更为深刻，有些带有一定的文学气息。菱湖有一座桥名为"安澜桥"，澜指水波，安澜意指水波平静，比喻太平。《文选·王褒〈四子讲德论〉》曰："天下安澜，比屋可封。"除此之外，一些建造桥的人希望凭此为自己留名，比如德清三合的寿昌桥，桥额镌刻有"寿昌"二字。还有一些桥的名字在人们的口口相传中变了"模样"，如长兴的"鼎嘉桥"，被百姓叫成了"丁甲桥"，并一直沿用。

桥梁是架起来的路，它使"天堑变通途"。从古时候起，就流传着许多与桥有关的传说。天上的鹊桥，成全了牛郎织女浪漫的爱情故事，西湖的断桥演绎了许仙和白娘子千古的爱情佳话……桥上的一石、一柱、一墩、一栏所记录的是流年和回忆。

自古至今，人类用智慧和汗水砌筑了中国千千万万座桥梁。这其中蕴藏着古老的桥文化，就是一笔无形的财富。在文明成就了桥梁的同时，桥梁也承载着人类的文明与梦想。

中国自古就有"桥的国度"之称，遍布在神州大地上的一座座桥，相连、编织成四通八达的交通网络，连接着祖国的四面八方。在建筑艺术方面，中国的桥梁更是有不可撼动的地位，其中有不少是世界桥梁史上的创举。特别是中国的四大名桥，充分显示了中国古代劳动人民的非凡智慧。

天下第一桥——赵州桥

作为中国桥梁建筑的骄傲，赵州桥首当其冲。赵州桥又称"安济桥"，该桥建于隋代开皇十五年（公元595年），由杰出工匠李春和众多石匠共同建造，大业元年（公元605年）完工，距今已有

1 400多年的历史了。

赵州桥无论从设计上,还是施工技术上都堪称巧妙绝伦。唐代张嘉贞在《赵州大石桥铭》中说它"制造奇特,人不知其所为"。从整体来看,赵州桥是一座单拱桥,拱长达37.02米,拱顶宽9米,算得上是当时世界上最长的拱桥。虽说赵州桥的结构为拱形,但是它的桥洞并未呈现普通的半圆形,而是中间带有曲折,像一张弓。这样的桥洞配上平坦宽阔的桥面,尤显坚固、雄伟。

说赵州桥是简单的一座单拱桥并不准确,因为它又是由28道拱圈纵向并列砌成的。每道拱圈又是自成一体的,这样的好处是便于施工,又便于单独修补。当然,这还不是赵州桥最大的特点,其最大的科学贡献,在于它的"敞肩拱"的创造。所谓"敞肩拱",就是在大拱的两肩,各砌4个并列的小拱,既能节省石料,减轻桥身重量,又利于小拱对大拱的被动压力,增强了桥身的稳定性,无形中还增大了流水量。

"敞肩拱"的结构创造不仅实用,且给人以丰富的美感。弓形的主拱配上4个敞肩小拱,一种巨身轻灵、跃跃欲飞的动感油然而生。柔和与刚劲的线条上下交织在一起,雄伟之中含隽永。

桥面两边的栏板望柱上，雕有各种精美图案，刀法苍劲，造型生动。主拱顶上雕有龙头造型，八瓣莲花的仰天石点缀于桥侧。这些雕像寄寓着大桥不受水害，长存永安。

赵州桥是中国造桥史上的杰作，对中国的桥梁建筑发展有着深远的影响。关于这座桥，还有一段有趣的民间传说。

结构新颖、制造精良的赵州桥在古代人眼中像是一件精雕细琢的艺术品，只有著名的巧匠才能建造，所以那时候人们认为赵州桥是鲁班所建。

很久以前，河水浊浪翻滚，汹涌而下，两岸的百姓只能靠木船摆渡。相传，一天夜里，鲁班赶着羊群来到河边。一眨眼的工夫，羊群便化作各种各样的石头坐落在河中。只见鲁班借势挥锤动工，至拂晓时分，一座奇特壮丽的"赵州桥"身披晨曦，立于河水之上。这一奇闻，很快传到了周围村民的耳朵里，甚至传到了仙界。

"八仙"之一的张果老听了鲁班建桥的故事后十分惊讶，便约了柴王爷一同来试桥。张果老倒骑毛驴在前，驴背褡裢里装着日、月；柴王爷推着小车在后，运载着五岳名山。二位仙人行于桥中心，将桥身压得摇摇欲坠。不远处的鲁班见势不妙，纵身跳入河中，用手将桥托住，石桥安然无恙。而桥身经过这样的考验，也就更加稳固了。据说，经过这样一番考验，赵州桥的桥面上留下了清晰的驴蹄印、车道沟；桥底留下鲁班的手印。正如民歌《小放牛》所唱的："赵州石桥鲁班爷爷修，玉石栏杆圣人留；张果老骑驴桥上走，柴王爷推车轧了一道沟。"

这个故事流传于民间，虽无从考证却着实证明了赵州桥坚固无比的构造。

在1 000多年的历史长河中，赵州桥经历了10次水灾，8次战乱和多次地震。特别是公元1966年距离赵州桥40多公里的邢台发生的7.6级地震，赵州桥附近受到的震动约有4级左右，赵州桥却没有受到丝毫损害。对此，著名桥梁专家茅以升表示：先不管桥的内部结构，仅就它能够存在1 300多年就说明了一切。千载如一日，赵州桥至今仍巍然挺立在河上，正是源于其科学的设计和结构。

赵州桥以其非凡的建筑特色，被誉为"天下第一桥""世界奇迹"。公元1961年3月4日，赵州桥被中华人民共和国国务院公布为第一批全国重点文物保护单位。公元1991年9月4日，又被美国土木工程师学会选定为第十二个"国际土木工程里程碑"，并在桥北端东侧建造了"国际土木工程历史古迹"铜牌纪念碑，遐迩闻名，甲于天下。

福建桥梁的状元——洛阳桥

在中国，南方的河流比北方要多。古时候，连通南北的桥梁也由此建立，其中就包括著名的洛阳桥。洛阳桥始建于公元1053年，耗时6年8个月，至公元1059年才竣工完成，可谓声势浩大。

当时，洛阳是广东、福建人进京的必经之路，所以洛阳桥被定在位于泉州城东13公里处开始兴建。

当年主持修建洛阳桥的人是泉州太守蔡襄。相传，蔡襄是天上文曲星下凡，自幼聪明，学士广博。18岁时高中状元，后来进入朝廷当官。蔡襄从小受到母亲的谆谆教导，为官要为百姓着想，为民解难。所以，他决定辞去朝廷的官职，回到家乡做了个地方官。他的家乡在泉州，那里洛阳河水浪大水深，百姓出行极为不便。于是，蔡襄想为乡亲们修桥。

然而，在汹涌的河水中建造桥梁并不是一件容易的事，蔡襄整天为造桥基而发愁。一天，他做了一个梦，梦中观音菩萨指点他派人向海龙王求助。

蔡襄一觉醒来十分惊奇，决定按照观音菩萨的指点来做。他很快给海神写了一封求助公文,并问手下的衙吏们,谁的水性好,可以下河。一个名叫夏得海的衙吏主动接受了这个任务,说"让我去吧"。

夏得海知道此去必无回,与妻子告别后,便买了一壶酒带着蔡襄交给他的公文独自坐在海滩边狂饮。后来,他喝得大醉卧在海滩上睡着了。醒来后,夏得海发现黄色的公文袋被海水沾湿后变成了红色。于是他赶忙找到蔡襄并把公文袋交了上去。

蔡襄打开公文袋一看,只见上面写着一个"醋"字。蔡襄冥思苦想了几天,才终于领悟了海龙王的启示。原来把"醋"字拆开来就是"酉"和"昔",而"昔"字分开代表日期二十号,蔡襄这才了解了其中的原意。

于是,蔡襄决定建桥定在当月二十日的酉时动工。到了酉时,神奇的事情发生了。海潮在此刻乖乖地退潮了,并且在三天内连续不再涨潮。在这种情况下,洛阳桥的桥基建设顺利完成了。

当然,这只是一个为蔡襄歌功颂德的传说,真实度不高。实际上,在洛阳桥的建造过程中,遇到了很大的困难。由于当时洛阳浪大水

急,"水阔五里""深不可测",桥基在建造的过程中屡屡被冲毁。但是工匠们并没有气馁,他们以惊人的毅力和无穷的智慧,创造出了一种沿用至今的新型桥基——筏型基础。所谓筏型基础,就是沿着桥梁中轴线的水下底部抛置大量的石块,形成一条连接江底的矮石埕做桥基,然后在上面建桥墩,这种建造方式对中国乃至世界造桥科学都是一个伟大的贡献。

当时没有现代的起重设备,工匠们就采用"浮运架梁"的妙法,利用海潮涨落的高低位置,架设桥面大石板,把一条条重达数吨的大石板顺利地架到了桥墩上,连接成桥面。为了巩固桥基,他们在桥下还养殖了大量的牡蛎,巧妙地利用牡蛎外壳附着力强、繁殖能力速度快的特点,使桥基和桥墩牢固地胶结成一个整体,这就是世界造桥史上别出心裁的"种蛎固基法",也是世界上第一个把生物学应用于桥梁工程的先例。

洛阳桥建桥900多年以来,先后共修复了17次。宋绍兴八年(公元1138年),桥体因飓风而遭到破坏,在当时的郡守赵思诚的主持下,对整个洛阳桥进行了大修;明宣德间(公元1426—1435年)桥址下沉,每到涨潮的时候,桥梁都会被淹没。当时的知府冯桢命郡人李俊育(即李五)出资对洛阳桥桥基进行了修建,使桥体增高了3尺;万历三十二年(公元1604年),泉州地区遭遇了大地震,洛阳桥桥体倒塌,基址低陷,知府姜志礼派人对其进行了修复;清雍正八年(公元1730年)秋,桥崩,知县王之琦派人修复了桥体;公元1932年,著名爱国将领蔡廷锴带领十九路军路过泉州时,派人将其改建为钢筋混凝土的公路桥,使洛阳桥以崭新的面貌示人,同时桥面增高了两米。抗日战争时期,洛阳桥再次受到严重破坏;公元1993年3月—1996年10月,国家拨出六百多万元专款,对洛阳桥开展了保护修复工程。

洛阳桥原长1 200米,宽5米,桥墩46座,两侧有500个石雕扶栏和28尊石狮，兼有7亭9塔点缀其间，武士造像分立两端，桥的南北两侧种植松树。如今人们见到的洛阳桥是经过了多次修建以后的。洛阳桥现长731.29米、宽4.5米、高7.3米，有44座船形桥墩、645个扶栏、104只石狮、1座石亭、7座石塔。

洛阳桥是中国第一座海港大石桥，也是世界桥梁筏形基础的开端。中国著名桥梁专家茅以升骄傲地称赞洛阳桥是"福建桥梁的状元"。

最早的启闭式桥梁——广济桥

在广东，有这样一首民谣：到广不到潮，枉费走一遭；到潮不到桥，白白走一场。这"潮"，指的是潮州；这"桥"，说的便是广济桥。

广济桥俗称湘子桥，横卧在滚滚的韩江之上，东临笔架山，西接东门闹市，南眺凤凰洲，北仰金城山，景色壮丽迷人。这座桥始建于南宋乾道六年（公元1170年），历时57年建成，可谓规模空前。

广济桥其以"十八梭船廿四洲"的独特风格，与赵州桥、洛阳桥和卢沟桥同居中国四大名桥之列，被著名桥梁专家茅以升誉为"世界上最早的开合式桥梁"。广济桥全长515米，分东西两段18个桥墩，桥墩用花岗石块砌成。明宣德十年（公元1435年）重修，并增建了5个桥墩；正德年间，又增建了一个桥墩，总共24个桥墩。广济桥的特别之处是，桥的中段用18艘梭船联成浮桥，能开能合，当大船、木排通过时，可以将浮桥中的浮船敞开，让船只、木排通过，然后再将浮船归回原处。这是中国乃至世界最早的一座开关活动式的石桥。

关于广济桥的民谣很多，其中一首可谓脍炙人口："潮州湘桥好风流，十八梭船廿四洲。廿四楼台廿四样，二只鉎牛一只溜。"

"潮州湘桥好风流"说的是广济桥独特的景致。因广济桥是潮州八景"湘桥春涨"所在地,且在此桥上北眺东望,潮州八景中除"西湖渔筏"外,余六景(鳄渡秋风、北阁佛灯、金山古松、龙湫宝塔、韩祠橡木、凤凰时雨)可以尽收眼底,让人能够步移景换,赏心悦目。

暮春三月,潮州开始迎来水汛,韩江的江水开始上涨,河面增阔,广济桥的18艘梭船随着潮水浮沉与桥东西墩连成一线,恰似卧波长龙。展望江面,韩江上游轻舟点点随波飞驰,中游东岸笔峰摇翠,下游凤凰洲景色迷人,这景致在清朝进士郑兰枝的八景诗中被生动地描绘出来:"湘江春晓水迢迢,十八梭船锁画桥。"

几经修复的广济桥,更是美不胜收。由于韩江供水枢纽工程的调控作用,江面水位保持在12.8米左右,江流汩汩,水天一色,"浪柔兰浆软,风饱蝶帆张"。特别是春天,两岸木棉花竞相绽放,万绿丛中露出点点火红,把广济桥装扮得格外妩媚动人。

"十八梭船廿四洲"说的是广济桥的重要特征。"洲"指的是桥墩。整个广济桥的东西两段桥墩及中间的18艘梭船连接,形成梁舟结合的独特格局。这种格局的特点是可开可合:敞开梭船可通船只;洪水来时,利于泄洪,以免桥墩被洪水冲垮。因此,茅以升称广济桥是中国桥梁史上的一个特例。

广济桥的浮桥段曾在两端东、西两段立有铁塔,之间悬挂一根铁索,用于系住梭船。这根铁索是广济桥的重要组成部分,恰似一条彩带悬挂在天边。桥的东段有13个桥墩串联起来并不是笔直的,而是适当弯曲,透出柔性之美。

广济桥上亭台楼阁虽高低不一,体态各异,但给人的感觉却是杂而不乱,错落有致。这是广济桥在搭配建筑的设计上进行了合理的比例规划。也就是说,对各个单体建筑,在比率上求得同一,不在一个平行线上的亭台或楼阁却能在设计风格上达到相近。同时,这些建筑的色彩和材质运用上也是相对统一的:以灰色为主色调,给人感觉厚重、沉稳,体现出浓郁的文化气息。在木构架的选材上,全部采用进口坤甸木。这种木材除了可防白蚁及耐久性好,还在于其特殊的裂纹及稍发暗沉的外表。这种偏黑的颜色较好地体现了古桥的历史沧桑感。在屋顶的屋脊头上,设计中运用了潮州民居特有的金木水火土形式,既富有变化,又保持了地方特色。这就是民谣里说的,广济桥的"廿四楼台"有"廿四样"。

牛是当时潮州文化的象征,同时也是广济桥的重要标志。在"二只鉎牛一只溜"这句话中就藏着一个小故事。据《海阳县志》记载,道光二十二年(公元1842年),夏秋的一场暴雨冲垮了江东的大堤,广济桥用来镇洪水的两头牛型雕塑被冲走了一头。后来民间就有了"二只鉎牛一只溜"的说法。当然,凭借"牛"来镇住洪水是不可能的,但是"牛"的存在却给广济桥带来了某种生机,所以至今在广济桥也能够发现不少牛的雕塑。

广济桥集多种结构于一体,采用桥梁与浮桥相结合的形式,动静皆宜,完美地体现了一种建筑与艺术、力学与美学的和谐统一。现在,广济桥已不仅是一座有着高超建筑艺术的桥梁,它还是一座历史之桥、文化之桥,是能够"聚最丰富的想象力""触动多数人的灵魂"的经典之作。

最美丽的石桥——卢沟桥

晨曦中，轻薄浅淡的月亮挂在天空中时的美景，常常与卢沟桥相映生辉，形成一道美丽的风景，被人们称为"卢沟晓月"。卢沟桥，位于北京市丰台区的永定河上。因其横跨卢沟河（即永定河）而得名，是北京地区现存最古老的一座联拱石桥。

卢沟桥建于金大定二十九年（公元1189年），成于明昌三年（公元1192年），于明正统九年（公元1444年）重修。由于清康熙年间永定河洪水，卢沟桥桥体受损严重，荒废了很多年。直到1698年得以重修。

卢沟桥建筑宏伟，结构精良，工艺高超，是中国古桥中的佼佼者。该桥全长266.5米，宽7.5米，最宽处可达9.3米。10座桥墩建在9米多厚的鹅卵石与黄沙的堆积层上，坚实无比。在桥墩、拱

券等关键部位，以及石与石之间，都用银锭锁连接，以互相拉联固牢。这些独特结构是桥梁建筑科学的杰出创造，令人叹为观止。

而最有特色的，要数桥墩的造法。桥墩平面呈船形，迎水的一面砌成分水尖。每个尖部安装一根边长约26厘米的锐角朝外的三角铁柱。这是为了保护桥墩，抵御洪水和冰块对桥身的撞击，人们把这种三角铁柱称为"斩龙剑"。

除了巧具匠心的设计外，卢沟桥还以其精美的石刻艺术享誉于世。桥的两侧有281根望柱，柱高1.4米，柱头刻着莲花座，座下为荷叶墩。望柱中间嵌有279块栏板，栏板内侧与桥面外侧均雕有宝瓶、云纹等图案。每根望柱上有金、元、明、清历代雕刻的数目不同的石狮，其中大部分石狮是明、清两代的原物。这些石狮子姿态各有不同，有雌雄之分。有的雌狮戏小狮，雄狮弄绣球；有的大狮子身上雕刻了许多小狮子，而最小的狮子只有几厘米长；有的只露半个头，或是经过岁月的洗礼残存躯体。

著名建筑学家罗哲文曾在《名闻中外的卢沟桥》中，对这些雕刻精美、神态活现的石狮子有过极为生动的描绘："……有的昂首挺胸，仰望云天；有的双目凝神，注视桥面；有的侧身转首，两两相对，好像在交谈；有的在抚育狮儿，好像在轻轻呼唤；桥南边东部有一只石狮，高竖起一只耳朵，好似在倾听着桥下潺潺的流水和过往行人的说话……真是千姿百态，神情活现。"这些惟妙惟肖的狮子生动之极，使人百看不厌，想要数清楚它们的数量可不容易。民间有句歇后语说："卢沟桥的石狮子——数不清"。

在桥的两端各设有华表4根，高约4.65米，无论是近看还是远望，其高度与建筑体量（建筑物在空间上的体积）与桥的比例都很协调，既壮观又优美。桥畔东、西两端还各筑有一座正方形的汉白玉碑亭，每根亭柱上的盘龙纹饰雕刻极为精细。东边的一座碑亭内竖着清康熙帝重修卢沟桥碑，详细记录着重修卢沟桥的过程；西边是另一座碑亭，里面立有清乾隆帝御书的"卢沟晓月"碑。"卢沟晓月"为燕京八景之一。

卢沟桥再往东，就是宛平县城一座建于明末拱卫京都的拱极城。公元1937年7月7日在这里爆发的"卢沟桥事变"，点燃了抗日战争的熊熊烈火，城墙上至今还留着累累弹痕。

马可·波罗是世界著名的旅行家，他对卢沟桥的印象很深，并在《马可·波罗东游记》中描绘出自己眼中的卢沟桥："桥长三百步，宽八步，十骑可以并肩而行。桥下二十四个弧形拱门，建筑技术极为高超。桥面拱顶上，有一高大的石柱耸立在大理石龟趺上，靠近柱脚以及柱顶均有一个石狮子。桥身两侧各设一道用大理石板和石柱组成的护墙。石柱之间的大理石板上，镌刻着精巧的雕刻，使整座桥梁气贯如虹，蔚为壮观。"

天下名桥各擅胜场，而卢沟桥却以高超的建桥技术和精美的石狮雕刻独标风韵，誉满中外！

独具风韵的风雨桥

风雨桥是一个统称，这种桥大多架设在村寨下方的溪河之上，既便捷交通，又包含了宗教意义。它独特的建造位置象征着飞龙绕寨，以保年年风调雨顺，五谷丰登，吉祥幸福，所以被人们称作风雨桥。奇特精巧的风雨桥，高大雄伟的鼓楼，别具风格的民居，映着青山绿水，组成了一幅幅秀丽的风俗画卷。

程阳风雨桥位于广西壮族自治区柳州市三江县城古宜镇的北面20公里处，其集桥、廊、亭三者于一身，是广西壮族地区众多具有侗族韵味的风雨桥中最著名的一座风雨桥。

建于公元1916年的程阳风雨桥，主要由木料和石料建成，是目前保存最好、规模最大的风雨桥。整座桥雄伟壮观，气象浑厚，仿佛一道灿烂的彩虹。它的建筑惊人之处在于整座桥梁不用一钉一铆,大小条木,凿木相吻,以榫衔接。全部结构,斜穿直套,纵横交错,却丝毫不差。

程阳风雨桥为石墩木结构楼阁式建筑,桥长64.4米,宽3.4米,高10.6米,桥面架杉木,铺木板。19间桥廊,亭廊相连,浑然一体。桥的两旁镶着栏杆,好似一条长廊;桥中有5个多角塔形亭子,飞檐高翘,犹如羽翼舒展;桥的壁柱、瓦檐、雕花刻画,富丽堂皇。桥的两旁还设有长凳供人憩息,放眼望去,林溪河蜿蜒而来,茶林满坡。

据有关资料记载,程阳风雨桥与中国的石拱赵州桥、铁索桥泸定桥及罗马尼亚的钢梁诺娃上沃桥齐名,为世界4座历史名桥之一。这座不费一钉一铆的建筑,凝聚了侗族人民的智慧与汗水,也凝结着恩爱夫妻被花龙救护的动人传说:

一天,一对新婚不久的年轻夫妇在过桥时突然遇到一阵狂风。呼啸的狂风瞬间把妻子卷起。原来是河里的螃蟹精看上了美貌的女子,化作狂风将其卷走。丈夫眼看着妻子被妖怪带走却无能为力,急得在河边大哭起来。他的哭声惊动了水底的一条龙。这条龙被男子的这份情感所打动,于是飞出水面,施法将螃蟹精击杀,救出了

那名女子。

女子平安无事，恩爱的夫妻终于团聚。后人为了纪念神龙救人的事迹，就将河上唯一那座小木桥改建成画廊式的风雨桥，还在柱上刻了花龙的形象，称它为回龙桥。桥改建后能让人躲避风雨，人们又改称它为风雨桥。

程阳风雨桥，既有古代百越族杆栏式的建筑色彩，又有汉族宫殿式的工艺成分。由于它独具风韵的建筑技艺和雄伟风姿而闻名于世。郭沫若先生曾为其题诗曰：

艳说林溪风雨桥，
桥长廿丈四寻高。
重瓴联阁怡神巧，
列砥横流入望遥。
竹木一身坚胜铁，
茶林万载茁新苗。
何时得上三江道，
学把犁锄事体劳。

程阳风雨桥是侗乡人民智慧的结晶，也是中国木建筑中的艺术珍品。站在程阳风雨桥上远眺，一架架巨大的水车在慢慢转动，车水之声不绝于耳；不远处的侗家吊脚楼依山傍水，鳞次栉比……

沉睡在洛河水下的迷人风景——天津桥

提起"天津桥"，也许有人会认为它建在天津。实则不然，这座古老的桥建在河南的洛河之上。对于"天津桥"，白居易在《洛中春感》中写道："莫悲金谷园中月，莫叹天津桥上春；若学多情寻往事，人间何处不伤神。"这里曾经是一处令人神往的景致，而今却已沉睡在洛河水下。

大业元年（公元605年），隋炀帝杨广即位后，迁都洛阳。他在汉魏故城以西9公里处重新选址建起新城。新城南跨洛河，面朝伊阙，这就需要在洛河上建一座桥。天津桥的设计者杨素和宇文恺，谙风水、懂天象，他们认为洛河就像天上的银河，而洛阳就像天帝的居所紫微宫，如此比照，在洛河上架的这座桥就取名为"天津桥"。

隋大业三年（公元607年），天津桥开始动工兴建。桥建成后，为使高大的楼船顺利通过，桥体还可以自由开合，这与广济桥的设计有着异曲同工之妙。桥的北端，正好与皇城的端门相对应；桥的南端，与长达5公里的定鼎门大街（当时定鼎门在安乐窝之南）相连，南北通衢，一桥相牵，气派无比。据《元和郡县图志》记载："隋炀帝大业元年初造此桥，以架洛水。用大缆维舟，皆以铁锁勾连之。南北夹路，对起四楼，其楼为日月表胜之象。"

可惜好景不长。天津桥建成的12年后，李密率瓦岗军攻打洛阳，隋朝大将王世充慌忙迎战，双方在天津桥边大战三场，鲜血染红了洛河水。苦战已久的李密一怒之下放火烧了天津桥。这是天津桥第一次被毁。

唐玄宗开元年间，天津桥在遗址上得以重建。这次吸取了之前的教训，改为石柱桥。重建的天津桥北延续了此前的格局，北与皇城正门——端门相应，南与隋唐洛阳城南北主干道——定鼎门大街相接，桥上原有四角亭、栏杆、表柱，两端有酒楼、市集。来往的行人、车马熙熙攘攘，络绎不绝。诗人李白就曾领略过天津桥的风光。

当时李白从长安来到洛阳，洛阳的地方官为他接风，请他游览一番。李白坐车郊游，经过天津桥时，不禁吟诗一首："白玉谁家郎，回车渡天津。看花东陌上，惊动洛阳人。"这里的"天津"指的就是天津桥。

从李白的诗中不难看出，天津桥的景致的确令人流连忘返。而凌晨时的天津桥又是最美的：晓月挂在天空，两岸垂柳如烟，桥下波光粼粼，洛阳城中不时传来寺庙钟声，构成了"天津晓月"的图画，进而成为"洛阳八大景"中最静谧的风景。为了这道景致，白居易的《晓上天津桥闲望》写道：

　　　　上阳宫里晓钟后，天津桥头残月前。
　　　　空阔境疑非下界，飘飘身似在寥天。
　　　　星河隐映初生日，楼阁葱茏半出烟。
　　　　此处相逢倾一盏，始知地上有神仙。

　　北宋灭亡后，南宋建都临安（今杭州），此后洛阳失去帝都地位，国家不再投入巨资修葺天津桥。到了金代，洛阳桥则毁于一场大火之中。断桥残垣，天津桥渐渐湮没在洛河的河床之下，淡出了人们的视野。

　　岁月变迁，曾经的天津桥早已不复存在。直到公元2000年，考古工作者在洛河南北两岸向下挖掘时，终于在洛阳桥西侧200米处河床下发掘出了唐宋时期的洛河石堰与桥墩。石堰绵延数公里，桥墩下垫有枕木，上铺方石，联以铁腰。于是，考古工作者断定此处便是古老的天津桥的位置所在。当时参与发掘工作的青年学者霍宏伟推断：天津桥初建于隋，但隋时天津桥用木船相接，实为一座浮桥，多次被毁，不会留下实物。而唐改浮桥为石柱桥，是东都城内连接洛河南北的主要桥梁，如今发现的石堰与桥墩即天津桥之实证。

　　经过考古工作者的长期考证，天津桥的形象渐渐清晰，这座桥竟创造了中国桥梁史上的两个"之最"：第一，最早用铁链连接船只；第二，最早建造了龟背形桥基作为支撑。整座大桥用大船连接，南北一字排开，犹如水中长龙衔接着南北两岸。船与船之间用铁链联结，桥面平整，桥身稳固。桥建成之后，桥上车辆往来，行人络绎不绝，一派热闹景象。

最古老的铁索桥——霁虹桥

在大理州永平县杉阳镇与保山市隆阳区水寨乡之间的澜沧江上，有一座飞架在悬崖绝壁之上的铁索桥，这就是中国现存最古老的铁索桥——霁虹桥。

享有"天南锁钥""西南第一桥"美誉的霁虹桥，是中国古代桥梁建筑的代表作。与霁虹桥交相辉映的摩崖石刻记录了杨升庵、张含、张学庠、孙人龙、汪如祥、顾纯等名家的名言，这些文字静静地佐证着这座古桥的非凡历史。

最初，澜沧江渡口已建有竹索吊桥，明成化年间（公元1465—1487年）改建铁索桥。

相传当年建造铁索桥时，原有的木桥被江水冲毁，要把每根如手臂粗细的、重达数千斤、几百米长的铁链从东岸送到西岸十分困难。一位年轻的工匠从射箭猎兽的过程里得到启发，建议采取类似的办法使铁链相连。根据他的建议，工匠们在陡峭的东岸用数根粗细不等、长度与铁链相同的麻绳由细到粗地系好，然后把粗的一端系在铁链上，细的一端系在箭尾上，然后再射到西岸。接着，西岸的工匠把麻绳捆在绞车上，摇动转轮，将铁链一节一节地拖到西岸，再固定在埋入地下几米深的铁铸的万年桩上。一根根铁链套在万年桩上，沿桥墩而过，穿入崖缝中，在澜沧江上架起了一条彩虹，几百年不变。

现在留存下来的霁虹桥，为清康熙二十年（公元1681年）时建造，光绪年间重修。桥长115米，宽3.8米，净跨56.2米，由9股18条铁链组成，两条为左右扶手，其余为底，上面铺有横直交叉的两层木板。两岸筑成半圆形桥墩，铁链两头铆在两岸桥台上，西岸为徒崖，东岸是险峰，下面是滔滔江水，十分险要。桥两端建有桥亭关楼。桥南普陀岩壁上刻有"西南第一桥""悬崖奇渡""要塞天成""壁立万仞""沧水飞虹""天南锁钥"等题字。这些建筑和雕刻，或就悬岩起檐，或于陡坡立亭，与悬于江上的霁虹桥组成了独特的风景，蔚为壮观。

据史料记载，霁虹桥曾经10多次被冲毁，又被修复。澜沧江的桀骜不驯不会改变。公元1986年江水大涨，霁虹桥桥头的关楼被毁，铁索随即落入江中，历代修桥碑记和桥头古树也荡然无存。经过岁月的洗礼，如今霁虹桥西边摩崖石刻下方还有一根万年桩，露出地面约80厘米，周长约72厘米，下呈圆柱形，顶呈蘑菇形。

"西南第一桥"的巨大摩崖石刻还在，可是如果没了铁索桥，那这山这水的人文历史，便没了佐证。古老的霁虹桥将面临怎样的境遇？是洞经古乐爱好者改变了古老的霁虹桥境况。他们自发地组织起等38位老人，并用自筹的资金再一次修复了霁虹桥。

霁虹桥是世界上独一无二的古桥，与古渡、摩崖相互辉映，应以搬迁等形式珍惜和保护好这一珍贵的历史文化遗产。《人民日报海外版》于公元2003年发出了倡议《牵挂云南霁虹桥与摩崖石刻的命运》："作为云南省人民政府首批列入重点文物保护单位的摩崖石刻还有短暂的4年时间供人们观赏，那么4年后呢？我们还没有看到积极的规划保护方案和措施。但愿它的命运不要和被毁弃的霁虹桥一样悲凉。"并于公元2004年再次关注，刊出《云南霁虹桥将重现"西南第一桥"风貌》。此后，由云南省考古研究所专家组前往霁虹桥和摩崖石刻进行考察和测绘，公元2004年10月开始首批列入抢救修复工程。

霁虹桥是云贵川藏陕五省区95座古铁索桥中最古老、最大、最完整的一座，也是全国最宽大的3座铁索桥之一，它的建筑风格为汉、明代建筑风格，可以说是一部桥梁的建筑史。让"最古老的铁索桥"永存，就是中国桥梁史的不断延续！

第四章 寺庙：祭祀的庄重

佛寺的建筑形式

寺庙——中国的艺术瑰宝，是中国悠久历史文化的象征。从广义上来说，寺庙不仅仅与佛教一家有关。"寺"最初并不是指佛教寺庙，从秦代以来通常将官舍称为寺。在汉代，把接待从西方来的高僧居住的地方也称为"寺"。从此之后，"寺"便逐渐成为中国佛教建筑的专称。可以说"寺"是佛教传到中国后，中国人为尊重佛教，对佛教建筑的新称呼。

公元前6—5世纪，古印度的乔达摩·悉达多创立了佛教，他被尊称为"释迦牟尼"，意为释迦族的圣人。后来，佛教虽然在印度本土逐渐消失，却在世界范围内传播开来，成为影响甚广的世界三大宗教（佛教、伊斯兰教、基督教）之一。

一般认为，佛教于西汉末年开始传入中国。传入的线路大体与丝绸之路相符，经中亚传入中国新疆地区，再深入内地。佛教最初只在中国上层人士

中传播，下层民众禁止信仰佛教。东汉末年以洛阳白马寺为代表，中国开始出现规模宏大的佛教寺庙。但是这时兴建的寺庙，也只供来华的胡僧与外域商人进行宗教活动。经魏晋到南北朝，由于统治阶级的需要，佛教得到了大力发展，兴建了许多寺庙。唐朝诗人杜牧的《江南春》中说："南朝四百八十寺，多少楼台烟雨中。"据《洛阳伽蓝记》记载，当时的洛阳内外有40多所佛寺，寺庙建筑宏大，气势雄伟。而在正光（公元520—524年）以后有佛寺30 000多所，仅当时北魏首都洛阳就有1367所。由于当时盛行"舍宅为寺"的功德活动，许多王侯贵族改宅为寺。这样使得寺庙建筑有了中国传统的特色。

早期印度寺庙布局中塔位于寺的中央，藏舍利，成为寺的主体。传到中国经南北朝到唐，供奉佛像的佛殿成了寺院的主体，在寺旁建塔。当时贵族官僚捐献府第和住宅所改建的寺庙，则往往是"以前厅为佛殿，后堂为讲室。"同时保留了许多阁楼和花木。可以看出，佛教建筑到中国以后，很快被传统的民族形式所融化，创造了中国佛教建筑的形式。2 000多年来，佛教在中国长期存在，流传甚广，与道教、儒学有对立，更有融合，对中国传统文化产生了深远的影响。

尽管佛教寺庙的诸方面，包括建筑、神像等，往往都与虚构的传说和宗教的解说密切相关，笼罩着神秘的气息，给人们留下了无穷的历史因袭的重负。但是，这些寺庙建筑，撇开其荒诞、迷信的一面，毕竟千姿百态，风格各异，是中国历史、文化遗产宝贵财富的组成部分，是劳动人民丰富智慧和惊人创造力的结晶。

大体说来，中国寺院建筑分为依山式和平川式两类。东晋、南北朝时期，汉式佛寺布局即已基本定型，往往采用中国传统世俗建筑的院落格局。古代寺庙的布局大多是正面中路为山门，山门内左右分别为钟楼、鼓楼，正面是天王殿，殿内有四大金刚塑像，后面依次为大雄宝殿和藏经楼,僧房、斋堂则分列正中路左、右两侧。大雄宝殿是佛寺中最重要、最庞大的建筑,"大雄"即为佛祖释迦牟尼。

隋唐以前的佛寺,一般在寺前或宅院中心造塔,隋唐以后,佛殿普遍代替了佛塔,寺庙内大都另辟塔院。

中国佛寺不论规模地点,其建筑布局是有一定规律的:平面方形,山门殿、天王殿、大雄宝殿、本寺主供菩萨殿、法堂、藏经楼,一次沿南北对称轴分布,对称稳重且整饬严谨。中国的寺庙是以平民难得一见的宫殿为蓝本来建造的,这既显示了佛的尊贵,又形象化展现了佛国的富饶安乐。屋顶的最高规格庑殿顶,是为皇宫主殿及佛殿专用;斗拱只许皇宫、寺观和王府使用;黄琉璃瓦只有宫殿及佛殿可用,而王府及菩萨殿只能用绿琉璃瓦。院落重重,多者至数十院,层层深入。回廊周匝,廊内壁画鲜明,引人入胜。

藏传佛教的喇嘛寺受到藏式建筑的影响,自成体系,主要采用碉楼式建筑式样。喇嘛教建筑的特点是佛殿高、经堂大,建筑物多因山势而筑。例如,屹立在拉萨市红山上的布达拉宫,依山垒砌,形式多变,在阳光下显得金碧辉煌,是中国最著名的喇嘛建筑。

中国的寺庙景观相当丰富,不仅具备古典建筑美而且融入大自然的天然美。在中国许多名山都有寺庙的痕迹,"深山藏古寺","名山"与"大刹"往往相得益彰,五台、普陀、九华与峨眉并称为中国佛教四大名山。在观赏美丽风景的同时,还可以领略寺庙道观给人们心灵带来的那份清静与安宁。

中国寺庙的建筑之美掩映在群山、松柏、流水、殿落与亭廊之间,展示出组合变幻所赋予的和谐、宁静及韵味。当人慢慢游历在一个复杂楼阁的不断进程之时,欣赏着恰似柳暗花明又一村的美景时,感受到的是生活的安适与环境的和谐,也许这里便是心灵安睡的地方吧。

中国第一古刹

素有"僧寺之祖""中国第一古刹"之称的白马寺位于河南省洛阳市东12公里。它北靠邙山，南望洛水，绿树红墙，苍松翠柏，显得十分肃穆。

白马寺是中国最早的佛教寺院，始建于汉明帝年间（公元64—68年），历代高僧和异国名僧常来这里寻经求法，故又被人们尊为"释源"（佛教发源地）和"祖庭"（祖师庭院）。寺中建有中国最早的佛塔——齐云塔，始建于明帝公元69年；有别致的高僧译经处——清凉台；有最早来中国的高僧的墓以及唐、宋、元、明各代的经幢碑刻。

白马寺山门前的一对白马，流传着约2 000年前建寺的古老传说。

相传，东汉明帝刘庄曾经梦见一个从西方来的高大金神，第二

天便召集大臣议论。当时的大臣傅毅根据皇帝的梦境猜测，皇帝梦到的是西方的佛。刘庄想派人去寻找并邀请西方佛来朝讲经。一些大臣对这个梦和西方佛都有所怀疑，不敢说话。最后蔡愔、秦景主动请命去天竺国寻找西方的佛。他们领旨后，挑选了12位精干随从，辞别洛阳，一路策马扬鞭往天竺而去。他们经过河西走廊，马不停蹄地向西奔驰，数月后来到了大月氏国。

当地百姓、僧侣久慕东方大汉朝的神威，见到大汉使臣，更招待得殷勤备至。蔡愔、秦景等人深感盛情难却，便暂住下来，学习了当地的语言、文字及佛教经书。一晃两年过去了，汉使们不敢再留，准备继续西行。

当蔡、秦二人正要出发时，遇到两位天竺高僧来大月氏传教，一位叫迦叶摩腾，一位叫竺法兰。蔡愔、秦景等人欣喜若狂，执意邀请两位高僧到大汉讲经传教。迦叶摩腾、竺法兰深为汉使们的诚心所感动，表示愿随他们去大汉朝弘扬佛法。

天竺的高僧随蔡愔和秦景回朝后，被安排暂住在鸿胪寺。第二年春天，刘庄下令在京城西雍门外三里御道北，仿照印度宫样式建成了一座僧院，供天竺高僧起居译经之用。当时的建筑是"犹依天竺旧状重构之"。至于这个"重构"是什么样式？因年代久远，实在无从查考。有的说"重构"就是下面重叠的方形楼阁；有的说《后汉书》曾记述，汉代宫中也'立黄老浮屠之祠"，所以佛寺（浮屠祠）的形式当和一般祭祀建筑的"祠"很相像。

传说虽说不足为信，但是寺前的两匹白马确实存在，并为了纪念白马驮经的功劳，将此僧院定名为"白马寺"。它是中国第一座以寺相称的僧院，这个"寺"字起源于"鸿胪寺"的"寺"字。以后历代，凡佛教僧院都以寺命名。

现存白马寺坐北朝南，是一座长方形的院落，占地约40 000平方米。广场左右相对有两匹石马，据说是宋代的青石圆雕马，身高1.75米，长2.20米，作低头负重状。相传这两匹石雕马原在永庆公主（赵匡胤之女）驸马、右马将军魏咸信的墓前，后由白马寺的住持德结和尚搬迁至此。

白马寺山门采用牌坊式的一门三洞的石砌弧券门。此处的"山门"和山并无直接关系，是指中国佛寺的正门。由于中国古代许多寺院建在山里，故又有"山门"之称。一般由象征佛教"空门""无相门""无作门"的"三解脱门"组成，佛教称之为"涅槃门"。

寺内现存天王殿、大佛殿、大雄殿、接引殿和毗卢殿5层大殿。大雄殿内摆放的是元代的塑像包括三世佛（中为婆娑世界的释迦牟尼佛，左为东方净琉璃世界的药师佛，右为西方极乐世界的阿弥陀佛），左右站着韦驮、韦力两位护法天将，以及殿东、西两侧的十八罗汉像。据说这十八罗汉是用特有的漆、麻、丝、绸在泥胎上层层裱裹、描金，然后揭出泥胎，制成塑像。这种"脱胎漆"工艺叫"夹苎干漆"工艺，每座佛都是空心的，一只手即可托起。这种塑像在国内是独一无二的，乃寺中塑像之精品，为白马寺的镇寺之宝！

汉藏深情——大昭寺

大昭寺，又名"祖拉康""觉康"（藏语意为佛殿），位于拉萨老城区中心，是一座藏传佛教寺院，始建年代说法不一，约建于公元7世纪40年代，初名"惹刹"，后改称"珠拉康"（经堂），清朝时改称"大昭寺"。大昭寺是松赞干布为纪念尺尊公主入藏而建，后经历代修缮增建，形成庞大的建筑群。大昭寺距今已有一千多年的历史，在藏传佛教中拥有至高无上的地位。

关于大昭寺的由来，还有一个美丽的传说。原本大昭寺的所在地有一片湖，松赞干布为了表达对尺尊公主的爱意，曾在湖边向尺尊公主许诺，随戒指所落之处修建佛殿。没想到戒指恰好落入那片湖中，湖面顿时遍布光网，光网之中显现出一座九级白塔。于是，一场由千只白山羊驮土建寺的浩荡工程开始了。这是关于修建大昭寺的美丽传说，虽然带有浓浓的神话色彩，但是也能通过这个神话表达出人们对大昭寺的崇敬以及敬畏之情。

拉萨寺庙的方位一律朝北面南，唯有大昭寺朝西，意为向往西天佛地。小昭寺朝东，则表示公主的思乡之情。藏族人民有一个"先有大昭寺，后有拉萨城"的说法，大昭寺在拉萨市具有中心地位，不仅是地理位置上的，也是社会生活层面的。从大昭寺金顶俯瞰大昭寺广场，右边远处山上是布达拉宫，近处有"公主柳"，相传是文成公主所栽。以大昭寺为中心，将布达拉宫、药王山、小昭寺包括进来的一大圈称为"林廓"，像是大城市里的"三环"。

大昭寺从整体看是藏式的石木结构，从内部结构、装饰看，既有唐代风格，又有尼泊尔（印度式）的艺术特色。金黄色琉璃瓦顶，华丽耀眼的金顶梵轮，使大昭寺置于神秘的宗教氛围之中。大昭寺的布局方位与汉地佛教的寺院不同，其主殿是坐东面西的。主殿高4层，一层殿是释迦牟尼佛殿，正中供释迦牟尼紫金像。据史料载，这尊金像是文成公主与松赞干布结亲时，唐太宗所赠。二层殿供松赞干布、尺尊公主、文成公主等塑像。殿壁四周绘满《文成公主进藏图》《大昭寺修建图》等具有史料和艺术价值的壁画。三层殿里

收藏着一部明朝时期从内地运来的"大藏经",计108套。用来寻找活佛和呼图克图灵童的圣物——"金钵巴瓶"(金瓶)也保存在大昭寺内。主殿的两侧列有配殿,布局结构上再现了佛教中曼陀罗坛城的宇宙理想模式。

由正门进入大昭寺后沿顺时针方向进入一宽阔的露天庭院,这里曾是规模盛大的拉萨祈愿大法会"默朗钦莫"的场所。届时,拉萨三大寺的数万僧人云集于此,齐为众生幸福与社会安定而祈祷,同时还举行辩经、驱鬼、迎诸弥勒佛等活动。庭院四周的柱廊廊壁与转经回廊廊壁上的壁画,因满绘千佛像而被称为千佛廊。整座大昭寺的壁画有4 400余平方米。

穿过两边的夜叉殿和龙王殿,数百盏点燃的酥油灯的后面便是著名的"觉康"佛殿。它既是大昭寺的主体,也是大昭寺的精髓所在。佛堂呈密闭院落式,楼高4层,中央为大经堂。大经堂在西藏人眼中是极其神圣的地方,藏传佛教信徒认为拉萨是世界的中心,而宇宙的核心便在于此处。从大经堂可遥遥看见造型精美的千手千眼观世音塑像,两侧有两尊装饰华丽的佛像,左为莲花生,右为强巴佛塑像。

大昭寺还有一个奇怪的装饰,那就是无鼻狮子,转遍大昭寺看到的狮子都是没有鼻子的,这是怎么回事呢?

据说这和唐朝时的和亲公主——文成公主有关系。文成公主进藏之后,看到西藏地区一片荒芜,泥沼密布,总之是一片不毛之地。由繁荣昌盛的大唐朝到荒芜的蛮夷之地,文成公主不想在这样的地方生活一辈子,于是就着手分析当地的地形。她运用占星卜卦之术,观测到拉萨的地脉形似"罗刹妖女"仰面而卧,毕露狰狞,有碍于国运昌盛。于是,她决定在魔女的"心脏部位"造一个寺。松赞干布爽快地答应了文成公主的请求。文成公主身体力行,指挥人们用白山羊背土填湖,历时两年,终于把浑浊的卧玛湖整治得平平展展,变成了宽阔的小平原。随同公主入藏的大唐工匠带领藏族臣民开基建寺。松赞干布与文成公主亲临现场，为寺院的建造添砖加瓦。一天，一位正在大殿门上雕刻狮子的技匠因注视公主而走神，手中的刻刀无意间削掉了狮子的鼻子，骇得他惊慌失色，赶忙跪下请罪。公主为人宽厚，并未惩治那个匠人。为了顾全整座寺院装潢造型的统一和谐，她下令将寺内所有狮子雕像全部削去鼻子。这样，无鼻狮便成了大昭寺的一绝，也成为西藏独有的特征。

禅宗祖庭——少林寺

堪称"天下第一名刹""禅宗之祖庭"的少林寺，位于河南省登封县少室山北的五乳峰下。因处于少室山的密林之中，故取名"少林寺"。少林寺后来遍布祖国各地，此处的少林寺被誉为少林武术的发源地。

关于少林寺的修建，有一个神话传说，少林寺的修建是神的旨意。

据说有一天，佛陀、阴阳先生和财主，分别从3个不同方向到嵩山赏少室山的奇景。当他们快到连天峰顶的时候，突然云雾积聚，他们慌忙向连天峰爬去，最后都爬到了连天峰一个鼓形的石头旁，但是谁也看不到谁。他们正要站起来观赏少室山时，忽然听到云端有一老一少的声音传出。小孩对老者说："竹林寺升天了，天下还有佛寺吗？"老者回答说："天上有竹林寺，天下有少林寺啊。""可是少林寺在哪儿呢？"小孩不解地问道。老者用手指指了指少室山下，说："就在那儿啊。"3个人循着老者指的方向看去，果然有一座金碧辉煌的寺庙，隐约在密林之中，别有一番韵味。说完，老者和小孩都消失了，山上的云雾也随之散去。这时，3个人各怀心思，都认为少室山是块宝地，想占为己有。

下山后，3个人分别找地方住下了，都想着第二天去占领那块宝地。那个佛陀最先按捺不住，睡到半夜就起来去少室山察看。当他看到两棵翠柏，认为就是白天看到的地方，就将自己的鞋子埋在了树之间，回去接着睡觉了。等到鸡刚打鸣的时候，阴阳先生也出发了，正好看到的也是那块地，就找了一根木棍插在了树之间。最后，财主梳洗完终于也到了翠柏之间，就随手将自己的财主帽挂在了棍子上，以做记号。

　　几天之后，3个人分别带着一帮人，准备开发这块宝地。可是一见面就吵起来了，他们的争吵让正在附近的北魏孝文帝听到了。于是，孝文帝根据帽子在棍子上，棍子插在鞋上的次序，将那块宝地赐给了佛陀，少林寺也就开始建造了。后来才知道，那个佛陀就是东土传经的印度高僧，已经在中国游历三年了。

　　传说为少林寺增加了几分神秘感，不过据说少林寺就是北魏孝文帝为印度僧人跋陀（印佛陀）弘扬佛法而敕建的。孝昌三年（公元527年），印度僧人菩提达摩来此弘授禅宗，佛教史上尊其为"禅宗初祖"。北魏武帝废佛时，此寺被毁。北周大象年间（公元579—580年）重建后，改名为"陟岵寺"。隋文帝在位时（公元581—604年）敕令复名"少林寺"。隋末秦王李世民在讨伐王世充

时遭难，曾得到少林寺武僧的救援。李世民登基后，对少林寺大加褒奖，赏田赐物、扩建寺院，发展少林武功。少林寺从此名扬四海，历代香火不衰，博得了"天下第一名刹"的称号。

少林寺山门上方横悬康熙御题长方形黑金字匾额，上书"少林寺"三字，是康熙南下时到嵩山时所题。山门面阔3间，吻兽生动。大门前有石狮一对，一雄一雌，系清代雕刻。山门的八字墙东西两边，对称立有两座石坊，东石坊外横额"祖源谛本"四字，内横额"跋陀开创"；西石坊内横额"大乘胜地"，外横额"嵩少禅林"。山门的整体结构配置高低相应，十分和谐。

碑刻在山门和天王殿之间，有一条长长的甬道，道路两旁就是苍松翠柏掩映下的碑林，称为少林寺碑林，其中有两通碑刻是留学中国的日本禅僧撰写的。还有唐、宋、元、明、清各代碑铭30余座，为少林寺有名的碑林。有王知敬写的大唐天台御制诗书碑，元代日僧邵元撰文的息庵禅师碑，明代的释迦双迹灵相图，书法家米芾的"第一山"刻石，明代董其昌书写的天言道公碑，清乾隆的御书碑等。尤以北宋苏轼的《观音赞碑》和元代赵孟頫的《裕公碑》为最佳。

天王殿是少林寺常住院进山门后的第二进殿宇，与大雄宝殿、藏经阁并称三大殿。殿前塑有两座高大的佛教金刚护法神像，殿后塑"风、调、雨、顺"四大天王像，栩栩如生。

大雄宝殿是寺院佛事活动的中心场所，原建筑毁于公元1928年，公元1986年重建。殿内供释迦牟尼、药师佛、阿弥陀佛的神像，殿堂正中悬挂康熙皇帝御笔亲书的"宝树芳莲"4个大字，屏墙后壁有观音塑像，两侧塑有十八罗汉像。殿内柱基均为雕刻高1米多的石狮。藏经阁遗址前后，除钟楼遗址上放重5.5吨的金代大铁钟外，神座上放明代弘治元年（公元1488年）铸的1.75米高的地藏王铁像和石碑等文物，东配殿为紧那罗王殿和东客堂，西配殿是六祖堂和西客堂，两座楼均有4层，造型巧妙，巍峨雄伟。整个建筑结构合理，雄伟壮观，气宇轩昂。

方丈院在第五进院落，这是少林寺遭遇兵火后山门内幸存的第一所建筑。中为方丈室，是历代住持和尚居住的地方。室内有公元1980年日本所赠的达摩铜像，东侧立有弥勒佛铜像。乾隆十五年（公元1750年）清高宗弘历曾留宿于此，因此一度易名"龙庭"。站在方丈室门口南望少室山主峰，山坡上横卧一块巨石，10多平方米，每当夏季雨过天晴，阳光直射石上放射出奇异光彩，遥望如白雪一片，晶莹夺目，故称"少室晴雪"，为中岳八景之一。

出了方丈院，经过立雪亭（据说是神光立雪断臂的地方），就到了千佛殿。千佛殿的西厢为地藏殿，东厢为白衣殿。白衣殿内供奉白衣观音铜像一尊，殿内三面墙上绘有彩色壁画，均系晚清所制。北面和南面绘的是众僧徒手和持械练拳习武的动作，所以千佛殿亦称拳谱殿或锤谱殿，北面山墙上绘湛举和尚在殿前指导僧徒拳赛的情景。后壁北端二间绘"十三和尚救驾唐王"与"活捉郑将王仁则"的传统故事。神罩两侧绘制的是降龙伏虎图，东北和东南壁角是文殊骑青狮和普贤骑白象等。

在少林寺西约300米处的山脚下，有一片塔林，为唐以来少林寺历代高僧的葬地，共计250余座，这是中国最大的塔林。塔的大小不等，形状各异，大都有雕刻和题记，反映了各个时代的建筑风格，是研究中国古代砖石建筑和雕刻艺术的宝库。

壮观悬空寺

悬空寺，顾名思义就是悬挂在空中的寺庙。听起来似乎有些蹊跷，可是在北岳恒山的山谷中，确实有这么一处奇观。

悬空寺又名"玄空寺"，是国内仅存的佛、道、儒三教合一的独特寺庙。恒山悬空寺始建于1 400多年前的北魏王朝后期，历代都对悬空寺作过修缮。北魏王朝将道家的道坛从平城，即今天的大同南移到此，古代工匠根据道家"不闻鸡鸣犬吠之声"的要求建设了悬空寺，是中国古代建筑精华的体现。悬空寺的殿阁利用力学原理半插飞梁为基，巧借岩石暗托梁柱上下一体，廊栏左右相连，曲折出奇。寺内有铜、铁、石、泥佛像80多尊，寺下岩石上"壮观"二字，为唐代诗仙李白的墨宝。

恒山悬空寺布局奇特，全寺所有的建筑均高挂在恒山之麓的峭壁上，与崖壁呈90度角垂直而立，崖顶呈倒悬之势。抬头望去，整个建筑宛如被粘贴上去似的，给人一种可望而不可即的感觉。它不像一般寺庙那样坐北朝南，而是顺着山势，面向东方，据说这是北魏王朝的统治者崇拜太阳的缘故。悬空寺面对恒山，上载危岩，下临深谷，建筑红墙灰瓦，错落有致，凌空展开，若雏凤欲飞。全寺建筑自山崖的南面向北一字排开，渐次增高，有如蟠龙贴伏于崖壁之上，共有大小殿堂楼阁40余处，分为三组。当地的民谣说："悬空寺，半天高，三根马尾空中吊。"可见其奇特和险峻。

悬空寺的建筑构思精巧，设计奇特，施工大胆。其方法是先在山崖上凿出水平的洞眼，然后在洞眼内安设木梁挑出崖外，再于挑出的木梁上铺板立柱，构筑各种形式的梁架、屋顶等。凡是挑出的殿堂楼阁，周围都安设栏杆。

悬空寺中共有殿宇40间，两座3层正楼，高低对峙、争奇斗险。

这些楼阁殿堂，里侧靠穿插在崖壁石缝中的木梁挑起，外侧则靠一根根直径10厘米左右的木柱支撑。踏进山门，迎面为一座双层楼阁，院内两座危楼对峙，既是碑亭，又是门楼。山门两侧是两座方形耳阁，为钟鼓楼。这组建筑以三官殿为主体，是供奉、祭祀道教之所。中间一组的建筑是以三圣殿为主体，这是释迦牟尼的"佛国"，殿内佛像端庄正坐，两旁弟子拱手侍立，宛如迎面走来。最后一组建筑是以三教殿为主体，三教殿是全寺最高的建筑，为3层檐歇山顶九脊，殿内供奉儒家之祖孔子、道教之祖老子和佛教之祖释迦牟尼，集中了中国封建社会的宗教信仰、思想文化。三像中释迦牟尼像居中，老子像在左，孔子像在右。雕塑家们把这三位完全不同教义的教祖的内心世界都表现了出来，精湛的艺术手法，实在令人叹为观止。

悬空寺全寺虽然长不过百余米，高不过一二十米，但游人在这里可以钻天窗、过石窟、攀栈道、游回廊，所到之处，如同登临仙境一般。

从全寺来看，南北高低错落，中隔断崖，有飞架的栈道相通，曲折回环；梁架上下呼应，廊栏左右相接，疏密相宜，浑然一体。正如古人在栈道绝壁上题刻所云："公输天巧"，有诗赞曰："飞阁丹崖上，白云几度封""蜃楼疑海上，鸟道没云中""山川缭绕苍冥外，殿宇参差碧落中"。悬空寺实为一处奇观，令人神往。

儒家的殿堂——曲阜孔庙

山东省曲阜市，是一座文化古城，那里是春秋时代伟大的思想家、教育家孔子诞生、讲学、死后埋葬和后人祭祀他的地方。世界上有许多孔庙，但历史最久、规模最大、等级最高的当属孔子故乡的曲阜孔庙。曲阜孔庙和孔府、孔林并称为"三孔"，是中国四大古建筑群之一。这一庞大建筑群，面积之广大、气势之宏伟、历时之久远、保留之完美，历来被古建专家称作"世界上唯一的孤例"。

曲阜孔庙始建于春秋时期。在孔子去世的第二年，鲁哀公就把孔子原来住的3间房子改建成祠庙。在此基础上，历朝历代不断扩建、重修，逐渐发展成为一处规模宏大的仿宫殿建筑群。

孔庙模仿皇宫的建制分左、中、右三路布局，共九进院落，贯穿在一条南北中轴线上，纵长630多米，横宽140多米，殿庑亭阁460多间，占地327亩。庙内古木森森，庄严肃穆。孔子生前运气并不好，而他死后却被历代帝王封为文宣王、至圣先师、万世师表等，享受着帝王般的顶礼膜拜。

孔庙历经金、元、明、清各代地不断修建，全庙共有5殿、1阁、1祠、2庑、1坛、2堂、15碑亭、53门坊，一共466间。前三进为引导性庭院，要经过金声玉振坊、棂星门、太和元气坊、至圣庙坊、圣时门、璧水桥、弘道门、大中门、同文门、奎文阁、十三御碑亭才进入主院，即大成殿所在。中路的前半部分，层叠屏障，交相辉映，借以强化尊孔的气氛，给人幽深肃穆的感觉。从大成门开始，整个庭院布局分为左、中、右三路。中路有大成门、大成殿、寝殿、圣迹殿、两庑，是祭祀孔子及先儒、先贤的地方；左为承圣门、诗礼堂、故井、鲁壁、崇圣祠、家庙，是祭奠孔子上五代祖先的场所；右为启圣门、金丝堂、启圣王殿及寝殿，是祭祀孔子父母的所在地。

整个孔庙建筑群以中轴线贯穿，左右对称，布局谨严，高低错落，气势宏大，建筑处处都体现着对孔老夫子的尊崇之意。"金声玉振"坊是进入孔庙前首先映入眼帘的建筑物，它古朴高雅，显示出超凡脱俗而又尊贵隆盛的气派。"金声玉振"源出于《孟子》，孟子说："孔子之谓集大成。集大成者，金声而玉振之也。"该坊与大成殿遥相呼应，以表现出孔子德侔天地、道冠古今的伟大。此坊是明代时制作，四柱三门，4块石鼓抱住八角石柱，顶部为莲花形座，上面蹲踞着王公府第才能使用的独角怪兽——辟邪，之后便

是棂星门。

　　孔庙的中心建筑是大成殿。在大成殿的前方甬道中间有一座方亭式的建筑，这就是杏坛，相传是孔子讲学的地方。据记载，孔子曾经和学生们在一片杏林席地而坐，孔子弹琴歌唱、抒发情怀，学生们则在他身边聚精会神地学习。后人根据这个故事，便在孔庙修建了富有纪念意义的杏坛。宋代天圣二年（公元1024年）正式建坛，周围种了杏树，所以叫做杏坛。金代又在坛上建亭，明代重修，成为现在的面貌。

　　杏坛的后面是大成殿，为孔庙内宫廷式主体建筑，是祭孔的重要场所。大成殿高24.8米，宽45.8米，金碧辉煌，气势雄伟。它和北京故宫"太和殿"、泰安岱庙的"天贶殿"，并称为"东方三大殿"。该殿在唐代叫文宣王殿，宋徽宗时改名叫大成殿。大殿经过多次修建才有了今天的面貌，整个大殿坐于两米多高的须弥座石台基上，面阔9间，进深5间，重檐歇山顶，上覆黄琉璃瓦。

大成殿四周廊下环立着28根蟠龙石柱。尤其是殿前的10根深浮雕云龙柱更是精美。石柱下是覆盆莲瓣式柱础，每根石柱都是用整块石头雕成，高约6米，直径80多厘米。两山廊檐和后檐下为18根水磨浅雕八棱形石柱，每面浅刻出9条团龙，一根柱子上有龙72条。前檐下的石柱为深浮雕，每根石柱上有两条盘龙，隐现于云雾之中，上下对舞，中间为宝珠，构成了传统的二龙戏珠图案。双龙姿态生动，栩栩如生，两龙或盘卷蜷曲，或争抢宝珠，或穿云嬉戏，真有呼之欲出的感觉，为孔庙独有的石雕艺术瑰宝。这些明代弘治年间徽州工匠雕刻的艺术珍品，使整座大成殿显得更为富丽堂皇。细细算来，大成殿石柱上共有云龙1 316条，数量之多，雕刻之精，就是紫禁城内的太和宝殿也是望尘莫及的。

进入大殿，抬头仰望，殿内正中悬挂着一块"至圣先师"横匾，孔子的神龛就在它的下面，雕龙贴金的龛内供奉着孔子的夹纻漆像。孔子神态安详，面带微笑，头戴十二旒冕冠，身穿十二章之服，手执镇圭，可见是后来为表对孔子的崇敬而将其打扮如此。目前，只有这里供奉着孔子塑像，而在其他地方的文庙中只供奉孔子的牌位而已。孔子像由众弟子像供奉与陪侍，东西两侧为四配和十二哲塑像，显示出孔门后继有人。

孔庙最后面是圣迹殿。殿内因为有用连环画的形式记载孔子一生"圣迹"的石刻而得名。圣迹图应该是中国第一部有完整人物故事的连环画。

曲阜孔庙历史悠久，文物众多，庭院中环境幽雅，建筑高低错落，黄瓦红垣，绿树掩映，是中国享誉世界的一处著名人文景观。有人将它称为除了北京故宫以外的中国传统文化的最高殿堂，这是非常恰如其分的。

三晋明珠晋祠

山西可谓三晋大地，物华天宝，人杰地灵，历史悠久。晋祠作为晋中大地的一颗灿烂明珠为世人所瞩目，是一处著名的人文与自然相得益彰的景观。

晋祠建于北朝，是为了纪念周武王的次子叔虞而建造的。据说周成王有一次同他的弟弟叔虞一起玩耍，他摘下一片桐叶，削成玉（王圭，代表诸侯的权力）的样子，对叔虞说："把这个封给你。"边上的大臣就请求成王选择吉日，正式给叔虞封地。成王说："我是和他说着玩的。"大臣说："天子无戏言。"于是，叔虞就被封在唐这块地方，因为这里有一条晋水，唐国就改名为晋国。后人为了纪念叔虞，就在晋水的源头建了祠，称唐叔虞祠，也叫晋祠。晋祠修建的具体年代已不可考，最早记载晋祠的是北魏郦道元的《水经注》，书中写道："沼西际山枕水有唐叔虞祠。"说明晋祠至迟在北魏时期已经存在，而且具备了一定的规模。

晋祠是为祭祀唐叔虞而建，但我们今天看到的晋祠的建筑布局却是以圣母殿为主体的，而本来作为主体建筑的唐叔虞祠却被挤到了一边的角落里，并不占主要地位。这是为什么呢？

宋代以前，唐叔虞祠仍然是整个祠庙建筑的主体。从晋祠创立到宋代，晋祠内不断扩建。隋开皇年间（公元581—600年）在祠的西南建造了舍利生塔；唐太宗时，又树立了《晋祠之铭并序》碑（此碑为李世民所书，是中国现存最早的块行书碑刻）。这一段时间内增建的建筑物并不多，且多是附属，并未改变唐叔虞祠的主体地位。宋代以后，这种情况随建筑物的不断增多而发生了根本的变化。宋太平兴国四年（公元979年）对晋祠进行大规模扩建，到宋仁宗天圣年间（公元1023—1032年）唐叔虞被追封为汾东王，并且为叔虞的母亲邑姜修建了规模宏伟的圣母殿，同时重建了鱼沼飞梁，以

后陆续修建的金人台、献殿、钟鼓楼、水镜台等都可以明显地看出是以圣母殿为主体而建造的。

宋代之后,以圣母殿为主体的东西向中轴线的建筑格局初具规模,而最早建的唐叔虞祠却被冷落在整个建筑群的北角。唐叔虞祠是清乾隆年间重建的,坐北朝南,建在高达丈余的基台上。此后,主要在明、清时期又建造了朝阳洞、三台阁、关帝庙、吴天祠、水母楼、东岳殿、文昌宫、三圣祠等建筑,逐步形成了现在的规模与格局。晋祠已不再是仅指唐叔虞祠一处建筑,而是成为一个多种亭、台、楼、阁组成的有浓厚道教韵味的综合古建筑群的总称。

晋祠的建筑风格独特,艺术精湛,在中国古代建筑史上写下了辉煌的一页。晋祠保存有中国早期的建筑样式,是十分宝贵的实物资料。晋祠的大门为景清门,为元代建筑,其特点是檐下斗拱大而稀疏。建于金大定八年(公元1168年)的献殿是专门供奉圣母祭品的地方。大殿面阔3间,进深两间,为单檐歇山式顶。其独特之处在梁架的结构：在四椽栿上放一层平梁，上边立驼峰、蜀柱和叉手，两端用驼峰架在四椽栿上，达到省工省料而又轻巧坚固的目的。该殿保留了金代的建筑特点与风格，其珍贵难得是显而易见的。

晋祠的主体圣母殿是北宋年间为叔虞之母邑姜修建的一座规模宏大的殿堂，是宋代建筑中的代表作。大殿面阔7间，进深6间，为重檐歇山式顶。大殿四周围廊，前廊进深两间，廊下宽敞明亮。这种四周围廊的做法，在建筑上称作"附阶周匝"，圣母殿是现存最早的实例。大殿四周的廊柱稍微向里倾斜，四角的柱子则明显升高。上檐柱更甚，使大殿前檐曲线弧度很大，增加了大殿的稳固力与外观美。

减柱法也是圣母殿的创造。殿内和前廊一共减去了12根内柱，廊柱和檐柱承托大殿屋架。大殿内没有柱子承托，十分宽亮，最大限度地扩展了内部空间。大殿的斗拱配置疏朗，式样美观，艺术性强，特别是以挑檐枋取代替木和使用普柏枋，都是此时使用的建筑新手法。圣母殿是中国现存宋代建筑中时间较早、保存完整的一座殿堂，体现了中国建筑艺术由唐至宋过渡时期的特点。

圣母殿中有一绝即圣母殿中的彩塑。圣母殿殿身四面都有围廊，前廊深两间，是中国古建筑中现存最早的带围廊的宫殿。殿宽7间，深6间。殿顶用黄绿色的琉璃瓦剪边。殿内供奉着43尊彩塑。主像是圣母邑姜，其余42尊是宦官、女官和侍女。圣母凤冠蟒袍，端坐在凤头椅上。侍女手里都拿着侍奉的东西。有的伺候饮食，有的负责梳洗，有的专管打扫，眉眼有神，姿态自然，塑工精美，是中国雕塑史上的精品。

圣母殿前有一水池，池上架有十字形的木桥，这就是蜚声中外的"鱼沼飞梁"。据《水经注》的记载，鱼沼飞梁在北魏时已经出现，现存的鱼沼飞梁除水中的小八角石柱和柱础仍有北朝风格外，其余都是宋代的遗物。池中立着34根小八角石柱，柱顶架有十字形斗拱承托梁木。桥面中间平直，两端下斜与地面齐平，整体造型犹如一只展翅欲飞的大鹏鸟，所以人们把它形象地称为"飞梁"。鱼沼飞梁形制奇特，结构新颖，造型优美，虽然古籍中早有记载，但现存实物仅此一例，是研究中国古代桥梁建筑史的重要实物资料。

除了这个水池，晋祠中还有一口晋水的源泉——"难老泉"。难老泉的水温一直保持在17 ℃，每秒流量是1.8立方米。关于难老泉，有一个"柳氏坐瓮，饮马抽鞭"的民间故事。

晋祠北面的金胜村有一个姓柳的女子，嫁到了古唐村，受婆婆的虐待，每天都要到远处去挑水。一天，在挑水的路上，她碰见一位骑马的老人向她讨水饮马。虽然这一担水好不容易从远处挑来，但是善良的柳氏还是把这一担水全送给老人饮马了。老人临走时送给柳氏一根马鞭，说只要把鞭子插在水缸里，一提鞭子，水就会涌上来。柳氏回家之后一试，果然如此。后来，婆婆发现媳妇不再挑水，而水缸里的水却始终是满的，心中不免产生怀疑，就趁媳妇不在家，偷偷地察看，发现了水缸中的马鞭，心想这是一个宝贝，伸手过去把马鞭提出缸外。一时之间，缸里的水马上喷涌而出，向四处漫流。正在娘家梳头的柳氏发觉水涌出来了，赶快跑回婆家，见水大难以堵住，忙用院中的石板盖住缸口，自己坐在石板上。汹涌的大水顿时变成潺潺的细流，不断从柳氏的身下流出来。

后人为了纪念这位善良的女子，称她为"水母"，在难老泉的西侧建起了水母楼，楼内塑有一尊端庄秀丽的水母塑像。

圣母殿檐柱和殿内彩塑代表了宋代木雕和泥塑的艺术水平，那么金人台铁人则显示出宋代铸造工艺的精湛。从水镜台向西，跨过会仙桥就是金人台。台呈方形，四角各有一个高约两米的铁人，西南角的一个为宋代原物（其他3个有两尊头部为后来补铸，一尊为后铸）。铁人横眉立目，两手握拳，右手举过眉间，左手置于胸前，两腿开立，体形健美，威武雄壮，极为传神，历经800多年的风风雨雨，仍然锃亮无锈，不能不让人慨叹宋代高超的工艺水平。

祭坛：敬畏的心

中国的封建社会以自给自足的农业为主，一年的收成和天气有着直接的关系。暴雨使水灾泛滥；干旱使庄稼颗粒无收。这些灾难是自然灾害，以当时的经济实力根本无法防御这样的灾害，所以人们很自然地把苍天当成主宰人类命运的神，祭祀天地很早就成为人类重要的活动了。

祭天地的活动与巩固和加强政权统治也有着密切的关系。要想国家稳定首先要保证百姓的温饱问题，因此祭天地备受重视，到后来成了统治者的专有权力。它的重要性超过了祭祀宗庙，成了国家的大礼。国家若遇到皇帝、皇太后驾崩这类大丧，规定停止祭宗庙，但不能停止祭天礼，并把平民百姓或其他人的祭天活动划为越轨行为。

由于祭祀天地成了历代帝王的重要政治活动，因此这些祭祀场所在历代都城中均给予了相应的位置。按周礼规定，祭天场所在都城的南郊，因为古代以南为阳向，北为阴向，天属阳，应在南；地属阴，应在北，所以祭地的场所应在北郊；南阳北阴，天地互为对应。另外祭日于东郊，祭月于西郊，因此统称为"郊祭"。城郊可以避开密集的街市，免除人烟凡俗的喧嚣，更接近自然，也更适于祭祀天地日月之神了。明、清两代北京城的这些祭祀场所正是按这种格式安排的，祭天之坛位于南郊，祭地、日、月之坛分别在城的北、东、西郊。明代中叶扩建北京城，才将天坛划入北京外城墙之内。

天　坛

天坛是明、清两代帝王祭天、祈谷、祈雨、祈丰年的地方，建于明永乐十八年（公元1420年），占地4184亩，大概是紫禁城面积的4倍。天坛，是中国现存规模最大、形式最精美的一处祭天建筑群，同时也是我国古代建筑史上最为珍贵的实物资料与历史遗产。它运用了各种建筑手法与建筑形式，充分体现了美学、力学、声学、几何学的原理，代表了中国古代建筑的最高成就。

天坛的建筑和布局带有浓厚的幻想色彩，它的建筑多为圆形，琉璃瓦以蓝色为基调，象征着天坛是建在天上。突出天空的辽阔与高远，从而表现天帝的至尊无上，这是天坛建筑设计的中心思想。天坛建筑布局最引人注目的一点，即是摆脱了古代建筑群中惯用的以中轴线为对称的设计方案。天坛的建筑分为两部分，主要祭祀建筑安排在天坛的偏东中轴线上；另一组建筑斋宫位于西部，在西门内通道的南侧。

这样，当人们从西门进入天坛之后，映入眼帘的首先就是那开阔的天宇，神圣、博大与至高无上的天帝立刻在蓝天白云的映衬之下凸现出来，人们顿时会感觉到自身的软弱与渺小，因此便会心甘情愿地向天帝顶礼膜拜，祈求保佑。

天坛的主要建筑有3座，北边是祈年殿，中间是皇穹宇，南边是圜丘。

祈年殿是天坛的主要建筑，外形呈圆形，大殿高38米，直径为32.72米。上有3层屋檐，顶上覆盖着蓝色琉璃瓦，衬映着青天白云，瑰丽雄伟；下有3层石台，台前留有宽广的场院，前设祈年门，左右有配殿，四周有围墙，大殿坐落在北面中央，显得十分宏伟而庄重。祈年殿内用28根楠木大柱环转排列，中央的4根"龙井柱"，高达19.2米，直径1.2米，分别代表着春、夏、秋、冬四季。

斋宫是皇帝祭祀天地和举行祈谷大典前斋戒的别宫，皇帝祭天前在这里沐浴和斋戒。每年冬至前一天，皇帝住在这里，以不吃荤食和干净的身体表示祭天的诚心和神圣之意。它与天坛的其他建筑

不同,采用绿色琉璃屋面,以表示皇帝对上天的虔诚。

皇穹宇是一座平面为圆形的单层小殿,是平时置放祭天神牌的地方。它左右有配殿,四周用圆形墙围绕,墙用细砖筑造,做工很精细。当两人站在围墙内不同的地点贴着墙面讲话时,由于墙面连续折射的结果,可以清楚地听见对方的声音,所以这里成了有名的"回音壁"。

天坛除了回音壁外,还有一个奇观就是三音石,站在石板上发声,可以听到次数不同的回音。回音壁与三音石奇妙的声学现象,名列中国四大声学建筑之首。

皇穹宇的南面是圜丘坛,这是皇帝祭天时设祭场的地方。"圜"就是圆的意思,丘者堆土为丘,成为一个平台,称为坛。这也是天坛的主要建筑,又叫祭天台;坛四周有两重趣墙环护,在两道矮墙之间,东南角有10多座铁炉和琉璃炉,西南角有3座高灯竿,整体环境干净肃穆。

圜丘为3层平台,用石块砌造,周围没有石栏杆;在平台外围,没有建筑。明嘉靖九年(公元1530年)用蓝色琉璃砖和汉白玉石建成,清乾隆十四年(公元1749年)又加以扩建,坛面改为艾叶青石。这种青石细腻润滑,坚硬耐久,是从北京房山采挖的。这些石板大小形状相同,而且拼合得严丝合缝,密不容针。200多年来,依然水平如镜,更没有上翘下沉的现象发生,足见当时工匠们设计之精妙，技艺之高超。

圜丘平台就是皇帝举行祭天大礼的地方，大典在每年冬至那天的黎明前举行。坛前灯竿上高悬着大灯笼，称为望灯，也叫天灯，灯笼高达8尺，里面的蜡烛就有4尺多高，1尺多粗；坛前的燎炉内燃烧着松香木和桂香木，既用来焚烧祭品，又能产生有香气的烟雾。一时间，鼓乐齐鸣，香烟缭绕，造成一种神秘之感。

天坛建筑宏伟雄奇，个性鲜明，是中国古代建筑中坛庙建筑的典范之作，具有很高的历史艺术价值；它所包容的深刻的文化象征意义，把天坛的个性特征烘托得更加鲜明，极富吸引力。

天坛在建筑设计思想上，充分体现了它的祭祀功能，每一处建筑的设计都与天地息息相关，透露出深刻的文化象征意义。中国古代对自然天体的认识，长期停留在天圆地方之说上，认为苍天是圆的，无边无际，大地是方的，所以在天坛里大量用了方和圆的形象。天坛里外两圈围墙，南面两个角是方的，北面两个角是圆的，天阳地阴，可见南北方圆的设计和天地有密切关系；天坛主要的祭祀建筑圜丘、祈年殿、皇穹宇都是圆形的，圆的平台，圆的平面和屋顶，而圆形之外又用了方形的围墙。

"天圆地方"的说法反映了古人对自然界的初步认识。天坛的整体设计都是以蓝色象征天空，以此加重了人们进入天坛后对"天"的感觉与敬重。祈年殿三重攒尖顶逐层向上收缩，象征与天相接。大殿内的大柱也是按天象所建的，中央的4根龙井柱代表着春、夏、秋、冬四季，中间12根楠木柱代表一年12个月，外围的12根檐柱则代表一天的12个时辰，而中、外两层柱子加起来共24根，象征着一年的24个节气，3层相加共28根柱子，表示周天的28星宿，再加上柱顶的8根童柱就象征36天罡。

中国信奉的阴阳五行学说中以单数为阳、双数为阴。天为阳，自然得用单数。而单数中又以九为最高，那么，皇帝祭天处自然多用九数才显示最大的尊敬。作为祭天的圜丘坛，是万万不能违犯"天数"的，所以坛上的石板、石栏以及台阶都与"九"这个阳数密切相关。坛的每一层除4个出入口外，周围都有石栏板环绕，上层为72块，中层是108块，下层最多，共180块，这3个数都是九的倍数。从坛中心的天心石向外3层台面，每层铺设9圈扇形石板，上层第一圈9块，第二圈18块，第三圈27块，到第九圈为81块，中层从第十圈到第十八圈，下层从第十九圈至第二十七圈，一共387个9，共计3 402块石板。坛面的直径也是如此，上层直径9丈，中层直径15丈，下层直径21丈，3层合起来共45丈，不仅是9的倍数，而且象征"九五之尊"的含义。这些数字与中国古建筑合而为一，几何学在这里得到了充分的应用，同时它又与古老的帝王神权哲学紧紧相扣，包含了深刻的文化象征意义。可见，聪明的古代工匠在设计时恐怕也是绞尽脑汁，煞费了一番苦心！

天坛以其奇特的布局、雄浑的造型、巧妙的结构、丰富的色彩和浓厚的意蕴而驰名中外，是中国古建筑艺术中罕见的杰作。

地　坛

大地是万物滋生的源泉，人们一向看重土地，把它喻为母亲，特别是中国，一个古老的农业大国，对土地更有一种特殊的情感。从新石器时代开始，中国就已经有祭地的行为，逐渐也就出现了专门的祭祀场所。

地坛坐落在北京城安定门外，是明、清两代皇帝祭祀皇地祇的所在，与天坛遥相对应，与雍和宫、孔庙、国子监隔河相望。地坛是一座庄严肃穆、古朴幽雅的皇家坛庙，是明、清两朝祭祀"皇地祇神"之场所，也是中国最大的"祭地"之坛。天坛和地坛最初是在一起的，嘉靖时期将其分开，在北郊建了现在的地坛，不过其规模和建制远远不及天坛的辉煌。地坛分为内坛和外坛，以祭坛为中心，周围建有皇祇氏室、斋宫、神库、神厨、宰牲亭等。皇祇室在南门外，坐南朝北，是平时供奉皇地祇神的地方；斋宫是皇帝祭祀前斋戒、沐浴的场所；神库存放祭器具；神厨置备祭品；宰牲亭用来宰杀牺牲，供奉神灵。

空间节奏的完美处理，是地坛建筑艺术上的突出成就。全坛方形平面向心式的重复构图，使位于中心的那座体量不高不大的方形祭台显得异常雄伟，想必也是受中国古代"天圆地方"说法的影响，地坛的大部分建筑都呈现出方形。

地坛是如何体现出空间节奏感的呢？两层坛墙被有意垒砌出不同的高度，外层墙封顶下为1.7米，内墙则只有0.9米，外层比内层高出了将近一倍；外门高2.9米，内门高2.5米。两层平台的高度虽然相近，但台阶的宽度却不同：上层台宽3.2米，下层台宽3.8米。这种加大远景、缩小近景尺寸的手法，大大加强了透视深远的效果。更重要的是，这样的安排还造成了祭拜者的一种特殊的心理节奏：当他沿着神道向祭坛走去时，越向前走，建筑物就越是矮小，而祭拜者本人则越是显得高大，当他最终登上祭坛时，自然会有一种临空抚云、俯瞰尘世之感。

地坛除给人以视觉冲击外，在触感的设计上也是别出心裁。地坛的空间距离，从一门到二门，二门到台阶前都是32步左右，两层平台都是8级台阶，上二层平台又是32步左右。这种人行进间持续时间久暂相同的重复，自然而然地使人脚的触觉转化成心理上的节奏，舒畅的平步青云之感便油然而生。天坛建筑以突出天的至高至大为主，祭天者被放到了从属的地位，而地坛建筑则不然。它虽然也要表现大地的平实与辽阔，但更要突出作为大地主人的君王的威严，要唤起帝王统治万民的神圣感和自豪感。所以，营建地坛的古代建筑师们才煞费苦心地做了上述构思与设计。

地坛是迄今为止最为壮观的一座祭地坛，在建筑方面虽然远不及天坛，但是也有自己的独特之处。翠柏掩映之下的地坛因为本身的神圣感，给人一种肃穆的感觉，是中华瑰宝中不可或缺的一部分。

  处于北京东、西郊的日、月坛，其规模都比天坛要小多了。它们都有土质的平坛和神库、神厨等建筑供祭祀之用，加上棂星门、围墙组成一个建筑群体。皇帝每逢春分到日坛祭祀太阳神。每当日出的时候，人们作揖、叩头、跪拜，迎接太阳的升起。秋分到月坛祭祀月神。在人们看来，月亮在天空星宿中的地位仅次于太阳，太阳白天出来，月亮晚上显身，好像是轮流值班一样。月的崇拜与日的崇拜的形成几乎是同时的。随着对月崇拜的加深，人们采取各种方式表达自己对月的崇敬之心。日坛祭的太阳神，太阳为红色，所以坛面上铺的是红色琉璃，到清代才因为使用不方便而改为方砖。

  除天、地、日、月外，古代对名山大川也实行祭祀，例如在有名的五岳都有专门的庙供奉各方位的岳神。东岳泰山在泰安的岱庙中祭祀；南岳庙在湖南衡山；西岳庙在陕西华阴县的华山；北岳庙有两处，一在山西浑源县的恒山，早期曾将庙设在河北曲阳遥祭恒山；中岳庙在河南登封县的嵩山。这5座庙规模都很大，表现了古人对永恒的冥冥大山的崇拜观念。

第五章 古塔：永恒的纪念

"塔"的由来

在中国许多地方都可以见到一种高耸的古代建筑物——"塔"。最常见的塔大多建造在寺院当中，这也源于塔的由来。

中国建塔正是从佛教传入开始的。佛塔起源于古代印度，梵文称作"Stoup"，中文译为"堵坡"。最初，印度建塔是为了埋藏佛的舍利，后来演变为佛教象征性的重要标志。公元一世纪前后，佛教传入中国。中国传统文化不断与印度佛教相融合，使"堵坡"逐渐成为具有中国特色的高层纪念性建筑——塔。

然而，在中国早期的汉字中，并没有"塔"这个字。"堵坡"传入中国时，它的名称被译成各式各样，人们发挥着各自的才能，有的音译，有的意译，也有按形状译的。于是出现了"堵坡""浮屠""灵庙""高显"等各种名称。后来，人们又根据梵文"佛"字的音韵"布达"，造出了一个"答"字，并在旁边加上了一个"土"字旁，以表示坟冢的意思。

又经过演变，成了"塔"字。"塔"这个字既准确地表达了它固有的埋葬佛舍利的功能，又从音韵上表示了它是古印度的原有建筑，准确、恰当又绝妙，于是"塔"的名称开始流行并沿用至今。

中国古塔建筑多种多样，从建筑形态上划分，有楼阁式塔、亭阁式塔、密檐式塔、支提式塔、金刚宝座式塔、花塔、宝箧印金塔、过街塔和塔门等。从象征意义上说，佛塔的演变分成两类，一类是佛教意义上的汉化。佛塔随着佛教传入汉地，就沾染上了大汉风格。两汉时期，印度佛图就嫁接在中国的楼阁上，形成了楼阁式塔。到南北朝时，从建筑形式到象征意义都发生了很大的变化，开始全面走向中国化。另一类则完全是世俗功用，如：瞭望塔、灯塔、风水塔。尽管汉塔繁复多变，但塔的几个组成部分始终保持几大部分，即地宫、塔基、塔身、塔刹。

随着不同朝代的更迭，建塔的材料也在发生着变化。汉代时以木塔为主，发展到唐代时改为砖石塔，并一直占据中原佛塔的主流地位。辽、宋、夏、金时期便出现了金塔、银塔、铁塔、铜塔、象牙塔、琉璃塔、瓷塔和陶塔等。

塔作为佛教的代表建筑之一，大多是随着寺庙而建造，也有一些是有塔无庙。在中国国内，有七八百年历史的古塔就有上百座，其中比较著名的有：嵩岳寺塔、大雁塔、佛宫寺释迦塔、神通寺四门塔、开元寺塔、祐国寺塔（铁塔）、崇圣寺三塔、妙应寺白塔、真觉寺金刚宝座（五塔寺塔）。

自印度佛教传入中国后，两千多年的时间里，中国塔的建筑形式、材料结构，甚至在用途方面都发生了很大的变化，它们以丰富多彩的造型，点缀着河山景色，有的还成为一个地方的标志，比如西安的大雁塔。

中国古塔，以其千姿百态、雄伟挺拔的形象，不单为华夏大地增添了风采和神韵，也在世界建筑史上为中华民族留下了光辉的一页。

四大古塔

中国古塔是五千年华夏文明史的载体之一。矗立在大江南北的古塔,被誉为中国古代杰出的高层建筑。关于古塔,刘禹锡曾赋诗写道:"步步相携不觉难,九层云外倚阑干。忽然笑语半天上,无数游人举眼看。"特别是中国著名的四大古塔——河南登封嵩岳寺塔(砖质)、山西应县佛宫寺释迦塔(木质)、山东济南四门塔(石质)、河南开封铁塔(琉璃陶质),称得上是各具特色,国之瑰宝。

古塔一绝——嵩岳寺塔

嵩岳寺塔,位于郑州登封市城西北5公里处的嵩岳寺内,是中国现存最古老的多角形密檐式砖塔,同时也是唯一的一座十二边形塔,其近于圆形的平面、分为上下两段的塔身代表了密檐塔的早期形态。

嵩岳寺塔以"嵩岳寺"为名。嵩岳寺始建于北魏永平二年(公元509年)。嵩岳寺原是宣武帝的离宫,后改为佛教寺院。正光元年(公元520年)改名闲居寺。隋仁寿二年(公元602年)改名嵩岳寺。唐朝时,唐高宗和武则天游嵩山,曾把嵩岳寺改作行宫。

嵩岳寺塔是由青砖和黄泥砌筑成的密檐式砖塔,由基台、塔身、15层叠涩砖檐和宝刹组成。塔高37.6米，底层直径10.16米，内径5米，壁体厚2.5米。全塔共雕刻有16个狮子，有立有卧，正侧各异，造型雄健。密檐自下而上逐层收缩，构成一条柔和的抛物线，而密檐之间的矮壁上又砌有各式门窗492个。

塔基随塔身砌作十二边形，基台高0.85米，宽1.6米。塔前砌长方形月台，塔后砌砖铺甬道，与基台同高。塔的底部在低平的基座上建起两段塔身，中间砌一周腰檐作为分界。其中下段高3.59米，为上下垂直的素壁，4个正面券门直通甬道；上段高3.73米，全塔最精美的装饰都汇聚于此，东、西、南、北四面各辟一券门通向塔心室，4个正面券门与下段门道相通。券门上有印度式火焰券门楣，其余八面各砌出一座单层方塔形壁龛，各转角处砌壁柱。中部是15层密叠的重檐，用砖叠涩砌出，檐宽逐层收分，外轮廓呈抛物线造型，其内部则是一个砖砌大空筒，有几层木楼板。最高处有砖砌塔刹，通高4.75米，以石构成，其形式为在简单台座上置俯莲覆钵，束腰及仰莲，再叠相轮七重与宝珠一枚。塔心室作9层内叠涩砖檐，除底平面为十二边形外，余皆为八边形。塔下有地宫。

嵩岳寺塔的各层重檐均向内按一定的曲率收缩，非常柔和丰圆，饱满韧健，似乎塔内蕴藏着一种勃勃生气。塔体上下浑砖砌就，层叠布以密檐，外涂白灰，内为楼阁式，外为密檐式，高高耸出于青瓦红墙绿树之上，成为山色林影一道独特的风景。

在建筑设计艺术方面，嵩岳寺塔堪称"古塔一绝"。嵩岳寺的单层密檐式砖结构，乃同类砖塔的鼻祖。嵩岳寺塔的形制具有古印度"犍陀罗风格"，整个塔虽高大挺拔，却是用砖和黄泥粘砌而成，塔砖小而且薄，整个塔的形体轮廓较美，塔室上下贯通，呈圆筒状，给人以刚劲雄伟，轻快秀丽，建筑工艺精巧。从北魏正光四年（公元523年）初建，到塔顶重修于唐，嵩岳寺塔历经了1 400多年的风雨侵蚀，仍巍然屹立，是中国现存古塔中的孤例，也是一个奇迹。

东方奇塔——佛宫寺释迦塔

在山西省朔州市应县城内西北的佛宫寺内有一座"奇塔"——佛宫寺释迦塔。该塔建于辽清宁二年(公元1056年),金明昌六年(公元1195年)增修完毕,是中国现存最古老、最高大的纯木结构楼阁式建筑,也是世界木结构建筑的典范。

佛宫寺释迦塔位于佛宫寺南北中轴线上的山门与大殿之间,属于"前塔后殿"的布局,塔高67.31米,底层直径30.27米。由于塔建在4米高的两层石砌台基上,内外两槽立柱,构成双层套筒式结构,柱头间有栏额和普柏枋,柱脚间有地伏等水平构件,内外槽之间有梁枋相连接,使双层套筒紧密结合。暗层中用大量斜撑,结构上起圈梁作用,加强木塔结构的整体性,比例相当敦厚,虽高峻而不失凝重。

塔体呈平面八角形,5层,底层扩出一圈外廊,称为"副阶周匝",与底下塔身的屋檐构成重檐,共形成六重塔檐。每层之下又都有一个暗层,所以结构实际上是9层。暗层外观是平座,沿各层平座设栏杆,凭栏远眺,身心也随之融合在自然之中。

6层塔檐的各层均用内、外两圈木柱支撑,每层外有24根柱子,内有8根,木柱之间使用了许多斜撑、梁、枋和短柱,组成不同方向的复梁式木架。有人曾计算过,整个木塔共用红松木料3 000

立方，约2 600多吨重。另外，各层塔檐基本平直，角翘十分平缓。平座以其水平方向与各层塔檐协调，与塔身对比；又以其材料、色彩和处理手法与塔檐对比，达到统一协调，成为塔檐和塔身的必要过渡。

平座、塔身、塔檐重叠而上，区隔分明，强调了节奏，丰富了轮廓线，也增加了横向线条，底层的重檐处理更加强了全塔的稳定感，使高耸的大塔稳稳当当地屹立于大地之上。

佛宫寺释迦塔塔身底层南北各开一门，二层以上均设平座栏杆，每层装有木质楼梯，游人逐级攀登，可达顶端。2—5层每层有四门，均设木隔扇，于此处观望，恒岳如屏，桑干似带，尽收眼底，心旷神怡。

塔内各层均塑佛像。一层为释迦牟尼，高11米，面目端庄，神态怡然，顶部有精美华丽的藻井，内槽墙壁上画有六幅如来佛像，门洞两侧壁上也绘有金刚、天王、弟子等，壁画色泽鲜艳，人物栩栩如生。二层坛座方形，上塑一佛二菩萨和二胁侍。三层坛座八角形，上塑四方佛。四层塑佛和阿傩、迦叶、文殊、普贤像。五层塑毗卢舍那如来佛和八大菩萨。各佛像雕塑精细，各具情态，艺术价值极高。利用塔心无暗层的高大空间布置塑像，以增强佛像的庄严，是建筑结构与使用功能设计合理的典范。

塔顶作八角攒尖式，上立铁刹，制作精美，与塔协调更使木塔宏伟壮观。塔每层檐下装有风铃，微风吹动，叮咚作响，十分悦耳。

佛宫寺释迦塔建成后，曾经历7天的连续地震，仍岿然不动。这是因为此塔的设计充分利用了传统建筑技巧，广泛采用斗拱结构：全塔共用斗拱54种，每个斗拱都有一定的组合形式，将梁、枋、柱结成一个整体，每层都形成了一个八边形的中空结构层。

佛宫寺释迦塔以其科学的设计，完美的构造，巧夺天工的工艺，成为一座既有民族风格、民族特点，又符合宗教要求的建筑，与巴黎埃菲尔铁塔和比萨斜塔并称为"世界三大奇塔"。

华夏第一石塔——四门塔

四门塔，以其造型古朴、浑厚庄严，被誉为"中国第一石塔""华夏第一石塔"和"亚洲第一石塔"。这座"第一石塔"位于济南市南部，青龙山麓神通寺遗址东侧，为隋大业七年（公元611年）所建，是中国现存最早的一座单层方形石塔。

四门塔因其四面各有一半圆形拱门，故称四门塔。它建造特点为全部石筑、单层方形、四方设门、心柱承重、石梁连体和形成回廊，整体感觉简洁朴素，浑厚大方，是单层塔建筑的典范。

四门塔通高15.04米，墙立面高6.6米，每边宽7.4米。塔檐部挑出叠涩5层，又用23行石板迭收，成四角攒尖锥形塔顶。刹部由露盘、山华、蕉叶、项轮等造型构成。塔墙厚0.8米，塔心正中有每边宽2.2米的石砌心柱，顶部与塔外墙之间由15根三角石梁相连构成塔室。整个塔顶重量全部由心柱承托，并连接塔墙，使塔整体稳定，不易造成损坏。

塔室有四方形塔心柱，4面各有石雕佛像一尊，皆螺髻、结跏趺坐，面相生动，衣纹流畅。四尊雕佛各有名号，西边佛像为极乐世界无量寿佛，南边一尊为欢喜世界宝生佛，东边一尊为阿閦佛，北边的是莲花庄严世界微妙声佛。四尊佛像，雕刻于东魏武定二年（公元544年），造型准确，雕刻精细，保存完好，是中

国佛教雕刻艺术之珍品。

四门塔作正方形，心柱平面为正方形，外观每面墙体同样为正方形。这种方行、方正建筑方法的设计，给人以稳健沉着、大方厚重之感。其每面墙体为四方形，之上相叠的三角形屋顶为塔避雨挡阳、冠立冲天。方行之上叠三角，同样体现该塔的稳固耐久观感。素面的墙体，除底部中央开辟拱券门外，无其他装饰，保持着大面积的素白。在它之上立即就出现了5层叠檐，接着又是23层叠收石，收向刹部，给人以层层台阶而上之感，与中部细密平行线同墙体素白形成极大疏密关系，既有对比又有统一，并且极大地突出了"门"的存在。无论是远观，还是近前欣赏，四门塔都给人以美的享受。

再看四门塔的四份分割。每面整体高度设计用四份分割之术，整体高度的二分之一处在挑出的5层檐部，檐部至刹顶的二分之一处在塔刹底部，檐部至基部的二分之一处在拱门券石处，这一设置不易直观发现，却是当初设计者的一番苦心之作。根据实测实量而得出的数据充分证明了这一点，几近"二分之一"，误差极小。

四门塔的墙、门、柱、檐、三角石梁、拱板石等，只要是人们能看到的外露处，全部采用几何图形做处理，使塔朴素中见大方，平面中有变化。

除此之外，四门塔的刹部结构也让人称绝。由刹部23层叠收形成的束腰上，又外挑3层檐石形成方体。各角有外扬蕉叶，中托5层项轮构成的刹顶，精美的艺术的冠直插云天。

四门塔有单层方形、浑厚大方等建筑构造，加之四份分割、图形相叠、疏密对比、刹部结构和表面装饰的美学特点，充分体现了中国古代劳动人民的智慧与才能，不愧获得"华夏第一石塔"之美誉。

铁塔行云之美——开宝寺塔

初次认识铁塔，千万不要被它的名字所迷惑，因为它的建造材料并不是"铁"。铁塔又名"开宝寺塔",坐落于开封城东北隅铁塔公园内,因塔身一律褐色,远望似铁,所以人们都称它为"铁塔",这个响亮的名字一直保留到现在。

铁塔和中国许多珍贵的古塔一样,不仅是一座驰名中外的古代建筑,也是一座完美的巨型艺术品。远望铁塔,浑然如铸,气势惊人;走近细看,则遍身是浮雕的画面:自上而下,由表及里,除梯道券顶之外,几乎处处都有艺术装饰。特别是外部的琉璃壁面,更是精美异常,集北宋琉璃工艺之大成,可以说它是一座罕见的琉璃华塔。从大的塔顶、飞檐斗拱、角梁额枋,到小的勾头、滴水,无处不见艺术装饰。

铁塔耸立在无边无际的黄淮平原上,它高大瑰丽的身影与蓝天、白云构成了一幅美丽的图画。因此,明代人称其为汴京(开封)八景之一,有"铁塔行云"之美誉。如今,这座经历了900多年风雨的高塔,已被作为整座城市的象征，是开封人的骄傲。人们总是要到塔前绕视一番，或拾级登临，寻觅早已成为历史陈迹的繁华踪影。

关于这座铁塔的建造，还要从释迦佛舍利讲起。

相传，释迦佛舍利被古印度的8个国王均分。其中摩陀揭国中的一份在200年后被信仰佛教的阿育王所有。据说他取出佛舍利分别运送各地，其中一部分传入中国。到了五代时期，占据浙江一带的吴越王将阿育王寺的佛舍利迎入杭州供奉、视为国宝。后来，宋朝军队进逼吴越，当时吴越王降宋，为表诚意，特地派人将佛舍利送给宋太宗赵光义。宋太宗大喜，将它供奉在东京的滋福殿中，后来又命人在城内开宝寺的福圣院中修建了当时被称为"京师之冠"的13层木塔，专门供奉。

当时，宋太宗找来盛名于世的木工大师喻皓来建塔。喻皓接受任务后，潜心构图，并通过模型反复推敲自己的设计，他还邀请了著名建筑画巨匠郭忠恕为自己出谋划策，前后历时8年才建成这座八角13层、高120米的木塔，成就了中国建筑史上有名的开宝寺塔（即铁塔）。

不幸的是，开宝寺塔在建成55年后，即宋仁宗赵祯庆历四年（公元1044年），毁于雷火。公元1049年，宋仁宗下令重建开宝寺塔。这次重建的塔址，由福胜院改到了上方院。为了防火，材料由木料改成了砖和琉璃面砖，也就是人们今天所看到的"铁塔"。

铁塔外形如笋，呈等边八角形，高55.88米，共13层，每一层都有仿木塔平座回廊、棂窗、空门和塔檐、斗拱以及额枋、倚柱一类构件，仿造得惟妙惟肖。如此复杂的构件组合，只用了28种型砖（浮雕花饰的不同设计算在内）。塔体琉璃砖面上的花饰图案，有佛像、菩萨像、罗汉像等50多种。这些花饰图案雕工精细，神态生动，观之仙境历历，妙趣横生，为宋代琉璃砖雕艺术的佳作。

塔体底层每边宽 4.15 米，以上各层逐层向里收分，塔顶如盖，塔刹如瓶。塔的底层四面，各有一门。门头成圭形，既美观又符合力学原理。上边的各层也是四面各有一窗。不过其中只有一个是真窗，能够敞开欣赏外面的风景，其余 3 个都是假窗，仅作为装饰。真窗排列得很有规律。如果把各层真窗联结起来，可以明显看出它的轨迹是一条绕着塔身向上伸延的螺旋形曲线。这个有趣的现象，同铁塔内部结构有着密切的关系。原来，铁塔内部采用的是螺旋式砖磴道的结构形式，每层真窗的位置，都是磴道的起点或终点，像这样一层层地接上去，便形成上边所说的螺旋形曲线，别具一格。

螺旋式磴道的内部空间，常常会给登塔者带来意外的情致。在磴道的整个行程中，盘旋而上，十分有趣。更让人难忘的是，由于真窗与假窗的结合，阳光分隔着照进塔的内部，磴道中忽儿渐渐暗去，忽儿投来一缕光亮，给人以强烈的莫测神秘之感。登塔时，人们每到一层都可以凭窗远眺。不同方面，不同高度，远眺时的感受也迥然有异：登上五六层，开封全景便可一览无余；登上 10 层以上，若天气晴朗，远眺黄河在绿色的大山间穿行，在阳光的照射下，黄河水银光闪烁，格外耀眼。

公元 1938 年，国民党为阻拦日本侵略军前进，炸开黄河大堤，开封地区遭遇水灾。期间，开封一带许多著名的建筑物都没能保存下来，铁塔高 4 米的基座全部没入土中，塔身却依然坚固如初。抗日战争中，在日寇的炮火和炸弹的袭击下，铁塔的 4—13 层受到严重破坏。然而，铁塔仍然坚强地挺过了这个难关，始终不倒，不得不说是它在结构设计，建造工艺上取得了巨大的成功。

铁塔以卓绝的建筑艺术闻名中外，其设计精巧，结构坚固，虽几经地震、河患、狂风暴雨和人为的破坏，仍巍然屹立，为人们留下那铁塔行云之美。

大雁塔的传说

西安是中国历史上建都朝代最多的都城，居于中国四大古都之首，这座城市飘散着浓浓的历史气息。其中，最显眼的标志就是人们耳熟能详的"大雁塔"。

大雁塔，全称"慈恩寺大雁塔"，坐落于陕西省西安市大慈恩寺内。这座塔是楼阁式砖塔结构，采用磨砖对缝的技术，砖墙上显示出的棱柱，可以明显分出墙壁开间，是中国唐朝佛教建筑艺术的杰作。

关于大雁塔名字的由来，还有一个有趣的传说。

相传，在很久以前，摩揭陀国（今印度比哈尔邦南部）的一个寺院内，一位和尚信奉小乘佛教，吃三净食（即雁、鹿、犊肉）。一天，空中飞来一群大雁。这个和尚见到群雁，信口说："今天大家都没有东西吃了，菩萨应该知道我们肚子饿呀！"话音未落，一只大雁忽然从天上掉了下来，坠死在这位和尚的面前。和尚惊喜交加，并把这件事告诉给了寺内的众僧。大家都认为这是如来佛在教化他们，于是就在雁落之处，以隆重的仪式葬雁建塔，并取名雁塔。

当然，这只是一个美好的传说。其实大雁塔始建于唐高宗永徽三年（公元652年）。唐朝高僧玄奘于公元629—645年间，在印度游学时，收集了很多佛像、舍利和梵文经典，为了很好地保存这些珍贵的物品，他回国后在慈恩寺的西塔院内建起了一座5层砖塔。这座5层砖塔是仿照印度雁塔的样式进行修建的，因而取名雁塔。为了和西安的另外一座"雁塔"相区分，坐落在慈恩寺里的雁塔被称为了"大雁塔"。

大雁塔初建时为5层，表面砖砌，土心。公元704年，武则天下令将其改建成楼阁式的青砖塔，打破了唐朝佛塔均为单数层的惯例增高至10层。公元931年，五代时后唐对大雁塔进行改建，大雁塔被降至7层，平面呈正方形，由塔基和塔身两个部分组成。公元1604年，大雁塔又一次经历了改建，在维持了唐代塔体的基本造型上，在塔的外部完整地砌上了60厘米厚的包层。塔基和塔身通高64.1米。塔基边长定为48米，高4.2米。塔基上面是塔身，边长25米，高59.9米。塔身各层壁面都用砖砌扁柱和阑额，柱的上部施有大斗，并在每层四面的正中开辟砖券的大门。塔内的平面也呈方形，各层均有楼板，设置扶梯，可盘旋而上至塔顶。

现在的大雁塔塔身通高64米，每层为仿木结构，底层门楣有精美的线刻佛像，西门楣为阿弥陀佛说法图，图中刻有富丽堂皇的殿堂。塔底层南门内的砖龛里，嵌有两通唐代石碑：《大唐三藏圣教序》和《大唐三藏圣教序记》，都是由唐代著名的书法家褚遂良书写的，字体清秀潇洒。西面门楣上有雕刻建筑图案和佛像等线刻画，画面布局严谨，线条遒劲流畅，出自唐代著名画家阎立本和尉迟乙僧之手，是研究中国古代建筑的重要资料。

大雁塔自唐代起就是著名的游览胜地，因而留有大量文人雅士的题记，仅明、清时期的题名碑就有200余通。唐代许多著名诗人登临大雁塔都留下佳句，被传诵至今，其中最有名的便是唐代诗人岑参的《与高适、薛据同登慈恩寺浮图》：

"塔势如涌出，孤高耸天宫；登临出世界，磴道盘虚空。突兀压神州，峥嵘如鬼工；四角碍白日，七层摩苍穹。下窥指高鸟，俯听闻惊风；连山若波涛，奔凑似朝东。青槐夹驰道，宫馆何玲珑；秋色从西来，苍然满关中。五陵北原上，万古青蒙蒙。净理了可悟，胜因夙所宗；誓将挂冠去，觉道资无穷"。

诗人气势磅礴的描写与富于哲理的感叹，常常使人们在登塔时引起共鸣。

在中国的古塔中，大雁塔是砖塔中的典型之作。当时的工匠们用很细致的手法把砖石处理成为木结构的样子，体现在塔各层的表面上。例如，用砖砌出扁柱，柱身很细，柱头之间也砌出额枋，在柱头上用一个斗托住，上面却用一层层的砖逐层挑出（称为"叠涩"），用以代替瓦檐，可谓巧夺天工。

清净之地班禅塔

清净化城塔俗称"班禅塔"或"六世班禅塔"，即六世班禅大师的衣冠塔。这座塔位于北京市朝阳区安定门外的西黄寺塔院内，是现今北京名刹西黄寺最辉煌、最引人注目的建筑，也是西黄寺名扬于世的主要标志。

西黄寺是北京著名的藏传佛教寺院，始建于清顺治八年（公元1651年），为清代达赖和班禅在京驻锡地。乾隆四十五年（公元1780年），为表明拥护清政府治藏政策和反对帝国主义入侵西藏的坚定立场，六世班禅额尔德尼·罗桑巴丹益希启程东行，为乾隆皇帝祝寿，在承德祝寿结束后，便于当年九月初二到达京城，驻于西黄寺内。十一月初二的下午，六世班禅因病在西黄寺内圆寂。乾隆皇帝为之辍朝以示哀悼，并令京城各寺为六世班禅诵经49天。此后，乾隆亲自率领王公大臣到西黄寺致祭，向班禅法体敬献哈达、金碗、玉器等供品。

为表彰六世班禅爱国

爱教的无量功德，乾隆下令于西黄寺内兴建清净化城塔及清净化城塔院，塔内葬六世班禅大师衣冠经咒等物，以志胜因。在六世班禅圆寂后的第27天，乾隆御批造龛一座，内装六世班禅衣冠等物，俟新塔造竣安放。此后，乾隆御批清净化城塔铜顶通高7丈6寸，塔院大殿加重檐等。乾隆四十六年（公元1781年）正月十八日，乾隆谕旨清净化城塔及塔院工程全面动工，乾隆四十七年（公元1782年）11月，塔及塔院建成，乾隆御书《清净化城塔记》，以示纪念。

"清净化城"为佛教术语，含义深刻。佛经《俱舍论》中提到："远离一切恶行烦恼垢，故名为清净"。根据佛教的观点，"化城"是佛为化导众生成佛而变化的城池。佛教认为，成佛的道路艰难遥远，佛恐众生力不能支，故于途中变化城池以供止息。因此，"清净化城"意即远离一切烦恼、尘垢、罪恶等，不染尘俗，能接引众生成佛的场所。

从外观上看，清净化城塔是仿印度菩提伽耶金刚宝座式样而设立的金刚宝座塔，即在一块方形的高台之上建立起5座方、圆形密檐塔，中间一座大塔为主塔，四角有4座小塔。

从布局上看，清净化城塔建筑群由塔前牌楼、护塔兽、塔、塔后牌楼以及东西碑亭组成。牌楼呈屋宇式建筑形式，全部以汉白玉石建成。前后牌楼内外两侧均有乾隆御笔楹联，并雕有梵文"六字真言"和精美的"八瑞相"图案，即右旋海螺、吉祥结、宝伞、法轮、胜利幢、双金鱼、宝瓶、莲花。门上浮雕上有"二龙戏珠"图，下有"二凤腾云"图，寓意"龙凤呈祥"。二龙戏珠图两端各雕有一只雪山狮子，造型十分优美。牌楼顶部以整石雕成班杵、屋檐、瓦顶、鸱吻（螭吻，是龙生九子之一，平生好吞，即殿脊的兽头之形），形似砖木结构，精工逼真，浑然一体。

有石阶直达于金刚宝座之上，石阶左右两端用玉石雕成护栏。

护栏两侧的金刚宝座之前置有一对"朝天犼",张口吐舌,仰天长啸,姿态非凡,气势冲天。相传,"朝天犼"是龙生九子之一,有守望习性,常立于华表和房顶。

金刚宝座高约3米,四周共有十二角。座上四周有玉石护栏,座面上建有五塔,正中是藏式主塔建筑。主塔由基座(须弥座)、塔阶、宝瓶、塔刹和塔顶宝莲组成,整座塔身高约20米,连同金刚宝座一起,高约24.82米。

宝座之上的主塔塔基四周有近1米宽的海洋浮雕,波澜壮阔,刻画出了大海的磅礴气势。其中雕有各种生物、动物造型,如龙、鱼、螺、海狮、海马、海豚、海牛、螃蟹、海龟以及蛙类等,惟妙惟肖,生动至极。

主塔高16米,为西藏风格的覆钵式塔,在八角束腰的塔基上,八角形的须弥座承托塔身。主塔四角的4座小塔,其规模及造型、装饰相同,均为八角密檐塔,塔身刻有汉文经咒,分别是西南小塔为观音大悲咒、西北为药师本愿功德经、东北为金刚经、东南为楞严咒。塔身上半部分雕有佛像。

主塔基座也称须弥座,底层为塔台,依塔势呈八角形。八面外侧均雕有凤凰和莲花图案。塔台台面之上以花纹和"卍"字吉祥符号相饰。须弥座底层装饰着卷草、莲瓣、云彩、蝙蝠等纹饰。须弥座正座呈八角形,每角各有一位力士造型,其身体呈半蹲姿势,双手向上托举,像在托起宝瓶(宝塔)、塔刹等塔身建筑。力士在藏传佛教中属于"六灵捧座"之一,佛经上说,捧举诸佛宝座的有6种灵物雕像,称为"捧座",即雄狮、大象、宝马、孔雀、共命鸟、力士。

须弥座的八面各雕有一幅佛陀传记故事图,是整座佛塔雕刻的精华部分,其画面人物、动物、景物细致生动,呼应配合,形象地反映出了释迦牟尼从降生到圆寂一生中的重要活动,是中国建筑家创造性地吸收外来文化所创造的具有独特风格的完美而精湛的雕刻艺术品。

南面正中第一幅为"佛母成孕"图。此图有两组画面，左侧菩提树旁一只白象身驮莲花宝座之上的佛陀形象踏云而来；右侧皇宫内佛母端坐楼上，身旁及楼下有仆人活动。此图描绘的是佛祖入孕的情景。相传，距今约 2 500 多年，古印度迦毗罗卫国净梵王王后摩耶夫人 45 岁时，在一天夜里梦见一只白象驮着一位英俊少年入其腹中，遂有身孕，也就是后来的佛祖。

第二幅为"太子降生"图。本图有三组画面，描绘悉达太子降生情形。左侧为摩耶夫人率领随员离宫外走；中间为无忧树下，太子一手指天，一手指地；右边为梵天沐浴。依照古印度习俗，女人要回到娘家去生子，摩耶夫人是古印度拘利族天臂国的公主。

第三幅为"出游四门"图。共由两图组成，左侧为太子骑马出城造型，右侧为"诸苦图"，即老、病、死、苦及沙门造型。

第四幅为"入山修学"图。共由三图组成，左侧是太子逾城后由仆人引马前行；中间一幅为两位后妃形象，旁有仆人；右侧是太子结跏趺坐于娑罗树间修法，旁边有鹿陪伴。

第五幅为"佛成道"图。共由两图组成，左侧为太子结跏趺坐于菩提树间莲花宝座上及奉献吉祥草的童子形象；右侧为牧女蒸糜。

第六幅为"初转法轮"图。为释迦端坐于菩提树间莲花宝座上说法和众弟子听法的造型。

第七幅为"神变"图。释迦结跏趺坐于宝座之上，双手结定印，周身放光，任凭四周各路妖魔鬼怪的刀、枪、棍、棒袭击和进攻而安然不动，微笑而坐。

第八幅为"涅槃示寂"图。由两组雕刻组成，右侧为释迦卧于床上形象，众弟子围侍；左侧为释迦圆寂后金棺、佛的形象，众弟子悲痛万分。

须弥座之上是塔阶部分。塔阶分东、南、西、北四面，呈长方形立体造型，在这四面之间的东南、西南、东北、西北四角各加一个三角立体造型，共有12角。东、南、西、北四面，每面雕有8尊佛像，共32尊。

塔阶之上是宝瓶部分，也称塔瓶，因其形制类似宝瓶而得名。宝瓶的正南面雕有3尊佛像，与塔阶之上的32尊一起共为35尊，这便是佛教所崇尚的释迦牟尼佛、金刚不坏佛和宝光佛等"三十五佛"造型，即《决定毗尼经》中所说的现在十方世界中的三十五佛。

宝瓶四周雕有巨大的"八大菩萨"立像，从正面3尊佛起，自左向右依次为文殊菩萨、金刚手菩萨、观世音菩萨、地藏菩萨、除盖障菩萨、虚空藏菩萨、弥勒菩萨和普贤菩萨。

宝瓶之上是塔刹部分，为圆形十三相轮造型，意为法轮，底大上小，层层上拱，直冲塔顶。最上塔顶以溜金铜顶莲花装饰。上部为上小下大的两个珠状物，正像两朵尚未开放的花苞，称为宝莲，象征着佛法清净无染。

整个清净化城塔建筑是汉、藏、印佛教建筑艺术的完美结合，主塔的结构和形制是藏传佛教覆钵式佛塔的建筑式样，而整塔的布局及总体结构则是采取了印度的菩提伽耶式，塔上花纹装饰、图案造型等却都是中国汉族艺术的传统手法。这种三位一体，融汇诸家艺术风格的建筑方式，堪称中国清代佛塔建筑艺术上的杰作。

清净化城塔距今已有220多年的历史，目前仍保存完好，殊胜庄严，向世人昭示着六世班禅大师爱国爱教的无量功德和藏传佛教界优良的爱国主义传统，成为藏传佛教界维护祖国统一、维护民族团结的象征和历史见证。

琼岛白塔

北海公园内的白塔矗立在琼岛顶峰，殿阁耸拥，绿荫环簇，巍峨壮美，成为人们心目中整个北海的象征。

清顺治八年（公元1651年），信仰喇嘛教的顺治皇帝根据西藏喇嘛诺门汗的建议，在琼华岛山南建白塔寺，按前寺后塔的原则，又在寺后的山顶上兴建了一座白塔。据立于山南坡的乾隆御书的碑记记载，建塔的用意在于用佛教"寿国佑民"。乾隆年间，改白塔寺为"永安寺"，因此白塔也称永安寺白塔。

步入北海南门，走过永安桥，就到了琼华岛的白塔山脚下。山南麓是永安寺，从山南麓拾级而上，依次经过山门、法轮殿、正觉殿、普安殿、善因殿，山顶就是北海最突出的建筑永安寺白塔。从建筑美学的角度看，白塔在这组层层叠叠、逐级上升的建筑群不断升华的过程中，成为辉煌壮丽的顶点。

白塔塔顶标高112.4米，建成时是北京城内的最高点。站在塔下仰望白塔，可见白塔直顶青天，非常雄伟。站在白塔身旁俯视永安寺所有殿宇，那些歇山式的顶部覆盖着黄、绿、蓝等各色琉璃瓦，从山顶俯瞰下去，色彩斑斓、蔚为壮观；白塔周围和岛上的其他地方有很多太湖石，是金朝时从北宋汴京（开封）的艮岳御花园内运来的，各个玲珑剔透。

再往远处看，东面的故宫、景山，南面的中南海，北边的什刹海，历历在目。这样的景色使人顿时胸襟开阔，宛如置身天庭俯瞰京都，精神为之一振，心灵也随之升华。

永安寺白塔是一座覆钵式砖石佛塔，为砖、木、石3种材质共用的结构。从塔的表面只能看到砖和石料而见不到木构架，以内木质结构都藏在塔内。塔的通身有306个方形青砖透雕通风孔，这就是为塔的木构架通风所用，以防塔内木料潮湿糟朽。通风孔的纹饰雕刻得比较讲究，图案形式也多种多样，有蝴蝶、芭蕉扇叶、喇叭花、菊花、荷花、宝相花、西番莲花等画像。

白塔内部有一根立木，为白塔主心木，柏木制，高约30米，从塔基处直通刹顶。塔基为折角式须弥座，座上是3层圆台——金刚圈。塔身最大处直径为14米，南面有装饰精细华丽的佛龛，为"时轮金刚门"，俗称"眼光门"。其周围用钳子土烧制的西番莲花饰，门上绘有红底金字组成的藏文图案，内刻"十相自在"图案，系7个字组成，译音"杭、恰、嘛、拉、哇、日、呀"，有"吉祥如意"的意思。据说这组字是由清代雍正与乾隆皇帝的大国师章嘉·若必多吉亲手书写的。

塔身上有高大挺拔的塔刹。刹座是一个小型须弥座，其上砌出13条线条，为相轮，象征13天。刹座之上覆以两层铜制华盖，天盘、地盘造型别致，图案精美，比例协调。华盖表示对佛的尊崇，其边缘悬挂着16个铜铃，每个铜铃重约8公斤，铜铃成六角形，外面铸有六字箴言，风铃内挂着十字悬垂，下面坠有十字交叉的风叶，风吹铃响，悦耳动听。天盘直径约3米多，重约1 500公斤。天盘之上还铸有浮雕的轮、螺、伞、盖、花、瓶、鱼、结，这8种宝物图案有吉祥如意的寓意。地盘则更大更重，约2 000多公斤。天、地盘上均铸有镂空的莲瓣宝珠结带图案。地盘的下面铸有4个预埋的铁环，悬挂着4根粗大的牵杆，牢固地将整个华盖与塔身连在一起。

白塔顶部天盘中间成半球形圆顶，圆顶的上端有矩形底座，托有鎏金火焰宝珠塔刹，自下而上由燃烧的半月、太阳、倒卷莲花须弥座、巨大的桃心，以及桃心四周的火焰雕刻几部分组成。宝顶上放有一个9两重的纯金舍利盒，盒内有朱砂，奉释迦牟尼佛牙1颗，舍利子18粒。

白塔依照藏式佛塔而建，具备其形制的特定含义：塔基为方，象征"地"；塔身圆，象征"水"；塔刹下大上小呈三角，象征"火"；华盖伞，象征"风"。此四者为佛教认为的构成世界的基本元素——"四大"。白塔通体洁白，有清洁、纯净、心诚之意。

清代康熙十八年（公元1679年）夏历七月二十八日，北京发生大地震，造成白塔震毁。《清史编年》中曾对此进行了记载："七月二十八，巳时至酉时，京师大地震，声如雷，白昼晦暝，势如涛，顺德、德胜、海迫、彰义等城门被震倒，城墙塌毁甚多，宫殿、官廨、民居十倒七八。二十九、三十日又大震，通州、良乡等城墙俱陷，裂地成渠，流出黄黑水及黑气。"为了安全起见，康熙皇帝到景山园林里面避难三日。这次地震两年后，重修白塔，到了康熙二十一年（公元1681年）才告竣工，并且还在琼华岛的东南山腰处立碑纪念。

雍正八年（公元1730年）夏历八月二十九日，北京又发生地震，北海白塔再次损坏。史料记载："派监修随查塔身，塔座彻底内裂，必须全行拆重修。"直到雍正十年（公元1732年）才告竣工，经过重新修葺的白塔完好如初。

公元1976年唐山地震波及北京，白塔严重受损，宝瓶向西歪倒在天盘之中。据说白塔上"十三天"下的石座也被压碎了，导致"十三天"歪斜，所以在公元1977年时又进行了一次大规模的修缮。

北海的白塔是宗教建筑、园林风景以及皇室尊严巧妙结合的典范。远望白塔，白色的宝塔高耸于碧树黄瓦的宫殿树木之上，映衬于蓝天绿水之间，色彩对比鲜明，显出卓然不凡的气质；盛夏时分，湖面铺满荷叶，荷花盛开，阳光照耀下的白塔，皓洁静穆，淡雅之美油然而生。

夕阳下的雷峰塔

"孤塔岿然独存，砖皆赤色，藤萝牵引，苍翠可爱，日光西照，亭台金碧，与山光倒映，如金镜初开，火珠将附。虽赤城枉霞不是过也。"《西湖志》中曾这样赞美夕阳下雷峰塔的景致。

相传，雷峰塔是由吴越国王钱俶为祈求国泰民安，于北宋太平兴国二年（公元977年）在西湖南岸夕照山上建造的佛塔。塔基底部辟有井穴式地宫，存放着珍藏有佛螺髻发舍利的纯银阿育王塔和龙莲座释迦牟尼佛坐像等数十件佛教珍贵文物和精美供奉物品。古塔塔身上部的一些塔砖内，还秘藏雕版印刷的佛教《一切如来心秘密全身舍利宝箧印陀罗尼经》经卷。原塔共7层，重檐飞栋，窗户洞达，十分壮观。

北宋宣和二年（公元1120年），雷峰塔在战乱中没能幸免，塔身遭到了严重损坏。南宋庆元年间（公元1195—1200年）得以重修，建筑和陈设重现此前的金碧辉煌。特别是黄昏时，雷峰塔与落日相映生辉的景致，形成了著名的"雷峰夕照"，并被列入西湖十景。

雷峰塔原建造在雷峰上，位于杭州西湖南岸南屏山日慧峰下净慈寺前。雷峰为南屏山向北伸展的余脉，濒湖勃然隆起，林木葱郁。

相比中国其他古塔来说，雷峰塔的厄运更多。元朝，雷峰塔以"千尺浮屠兀倚空"的雄壮姿态屹立于雷峰之上，明朝时却惨遭破坏。嘉靖年间（公元1522—1566年），倭寇侵入杭州城并纵火焚烧雷峰塔。雷峰塔的塔檐、平座、栏杆、塔顶在熊熊的烈火之中被全部烧为灰烬，只留下了赤红色的砖体塔身，一派苍凉、凝重

风貌。从明崇祯时的一张西湖古画中可以看出，雷峰塔已是塔顶残毁、老树婆娑了。那时的诗人们也以"雷峰残塔紫烟中，潦倒斜曛似醉翁""保俶如美人，雷峰如老衲"的诗句、文辞来描写它。

清朝前期，雷峰塔以裸露砖砌塔身呈现的残缺美以及与《白蛇传》神话传说的密切关系，成为西湖十景中为人津津乐道的名胜，连康熙、乾隆二帝也多次前来游览和品题，"雷峰夕照"名播遐迩。

在这以后，百姓们在迷信思想的影响下，常常从塔砖上磨取粉末、挖取砖块用来治病，认为那些就是祛病消灾的灵丹妙药。还有人从塔内挖寻经卷，企图发财。到公元1924年8月，塔脚已被挖空，加上自然条件等破坏因素，雷峰塔最终全部崩塌。"雷峰夕照"的胜景也从此名存实亡。

雷峰塔倒塌，引起全社会的关注和议论，各界人士一直企盼重建这座著名古塔。公元2000年12月26日，雷峰塔重建工程正式奠基。公元2002年10月25日，雷峰新塔如期落成。

雷峰新塔建在遗址之上，保留了旧塔被烧毁之前的楼阁式结构，完全沿用了南宋初年重修时的风格、设计和大小建造。雷锋新塔兼具遗址文物保护罩的功能，通高71.679米，由台基（起到保护罩的作用）、塔身和塔刹三部分组成，其中塔身高45.8米，塔刹高16.1米，地平线以下的台基为9.8米。由上至下分别为：塔刹、天宫、五层、四层、三层、二层、暗层、底层、台基二层、台基底层。

塔身的设计沿袭了雷峰塔被烧毁前的平面八角形楼阁式制型，外观是一座八面、5层楼阁式塔，保留了宋塔的惯有风格。各层盖铜瓦，转角处设铜斗拱，飞檐翘角下挂铜风铃，风姿优美，古色古韵。同时2—5层还有外挑平座可供观景。用于装饰的塔刹高16.1米，塔顶采用贴金工艺。它的外形具有唐宋时期江南古建筑的典型风格，远处望去，金碧辉煌。专门为保护遗址而建的保护罩呈八角形，建筑面积3133平方米，外饰汉白玉栏杆。保护罩分上下两层，将雷峰塔遗址完整地保护起来。

　　整个遗址区被玻璃包围着，游人可以在外观看。打开一道沉沉的古式门，可以走进新塔底层，这里就是古塔遗址。站在台基二层，可以看到遗址的模样。

　　新塔暗层全无门窗，神话传说《白蛇传》被分成6大块立体场景展陈其中，此外还设有"捐赠建塔纪念墙"。新塔二、三、四层分别展示铜版线刻壁画"吴越造塔图"、雷峰塔历代诗文佳作、彩绘壁画当今"西湖十景"。新塔穹顶内壁辟有2002个塔龛，每个龛内安放着一个小金涂塔，穹顶和梁上均为铜质金或贴金。穹顶设有天宫，藏雷峰塔重修记、新塔模型等，以求传诸后世。

　　雷峰新塔是一座体现很强现代工艺的塔。塔中心的部位，是两座透明的电梯，周围是不锈钢扶梯。雷峰新塔也是古今中外采用铜件最多、铜饰面积最大的铜塔，栏杆、装饰瓦、脊、柱等都采用铜制。值得一提的是铜瓦，虽为铜制，却呈青铜色，与陶瓦非常相像。而且，这些铜瓦，还通过螺丝相互吃紧，不会像陶瓦或琉璃瓦那样易脱落。

　　雷峰新塔全塔上、下、内、外装饰富丽典雅，陈设精美独到，功能完善齐备，以崭新的风貌和丰厚的内涵在西湖名胜古迹中大放异彩。作为西湖南线的制高点，站在"华丽变身"后的新雷峰塔上极目四眺，碧波荡漾的西湖、秀美端庄的汪庄、初见轮廓的南线新景点、绿意葱茏的湖心三岛一览无余。而站在西湖东岸的湖滨路远眺，雷峰塔敦厚典雅，保俶塔纤细俊俏，两座塔一南一北，隔湖相望，西湖山色美得夺目。而随着新雷峰塔的兴建，"雷峰夕照"的美景再次呈现在人们的眼前。

前卫歪塔

　　在辽宁省葫芦岛市绥中县前卫镇的塔根胡同内，矗立着一座古老的宝塔。最特别的是,这座宝塔是歪的,所以又被称作绥中前卫歪塔。

绥中县在唐代被称为瑞州,所以前卫歪塔又称瑞州歪塔。该塔是一座实心密檐式砖塔,石筑塔基,砖砌塔身,分三级呈八角八面形,每个侧面宽两米。塔身有砖刻佛像、花纹、狮子头等图案,线条极其清晰。塔上原有的飞天砖雕和塔身佛中的佛像都已经被盗毁无存。前卫歪塔现存塔高约10米,塔座为须弥式,束腰部分有砖雕花卉。每面3条斗拱托起勾栏平座。平座面上雕有字纹、卷云纹及莲花,再往上为莲座。

前卫歪塔的建筑十分考究,塔身建于莲座之上,以叠涩法逐层而起。东西南北4个正面全都修有券门,为佛龛。佛龛两侧雕有卷草纹,其余四面雕莲蓬图案。塔身每面两侧均雕有角柱,柱顶有普柏枋相连,其上起斗拱,以挑起塔檐。

当然,前卫歪塔的最大特点就在于它的"歪",并且是歪而不倒,斜而不坠。据《绥中县志》介绍,早在30多年前的测量结果是,塔身向东北方向倾斜12度,塔尖移位1.7米。数百年来,虽然几经地震与洪水侵袭,该塔始终只歪不倒,因而素有"怪塔"之称。如今,当人们站在塔旁仰视,会感觉斜塔似乎要迎面倒下,着实让人惊心动魄。

从倾斜度来说,前卫歪塔堪称世界第一。著名的意大利比萨斜塔倾斜度为5度40分,我国的上海松江县天马山护珠塔倾斜度是6度52分,南京方山定林寺塔的倾斜度是7度59分54秒,较前卫歪塔的倾斜度都有很大的差距。因此,前卫歪塔曾入选中国世界纪录协会"世界第一斜塔"候选世界纪录。

前卫歪塔的外形和结构特别,风格独到,美感十足,堪称中国斜塔建筑中的瑰宝。与此同时,更体现了中国五千年历史文化的博大精深,以及绥中人民从古至今,对美好生活的强烈的向往和无止境的追求。

第六章　园林：游乐与观赏

园林的历史

中国的古典园林是中华建筑史上的又一朵奇葩。相对于古代的宫殿建筑，园林更接近自然。中国园林产生的时间大致在商周时期。根据文献记载，早在商周时期，就已经开始了利用自然的山泽、水泉、鸟兽进行初期的造园活动。这时，除了在苑内筑有高土台供观察天文和瞭望以外，还没有什么别的建筑。这种建筑被称为苑。

到了西周（公元前10世纪到前8世纪），苑被称为囿，囿的规模有的达到了方圆70里。人们在这些囿中畜养禽兽和鱼类，挖有灵沼，筑有灵台，在灵台上开始建造宫室以供帝王享用。囿是指在圈定的范围内让草木和鸟兽自生自育。

春秋战国时期的园林中有了进一步的风景组合，已经开始营构自然山水园林。在园林中造亭筑桥，种植花木，园林的组成要素已经基本具备，不再是简单的"囿"了。

秦汉统一中原，这种苑囿得到进一步发展。这

一时期出现了以宫室建筑为主的宫苑。汉代建造的上林苑,四周围墙长达300里,在其中畜养百兽,栽种各地花木,建造宫殿和供观赏游乐的建筑,已经是一座供帝王娱乐休息的园林了。

魏晋南北朝时期是中国园林发展中的转折点。魏晋南北朝时期,各国统治者之间相互并吞残杀,连年战争不息,使一些文人士大夫产生消极悲观的思想。他们不理世事,崇尚玄理,喜好清淡,一时间,逃避现实的老庄学说备受欢迎。他们隐逸江湖,寄情山水,大自然成了人们寄托感情的环境,于是文人、士大夫开始也在自己周围经营起具有自然山水之美的小环境,这就兴起和发展了追求自然情趣的山水园林。

帝王以狩猎为主的苑囿也开始向山水园林转化,在园中开池堆山,布置亭台楼阁,创造一种具有自然之美的环境。文人仕宦更大量兴建私家园林,在园里堆筑小山,培植花木以陶冶他们的性情、寄托他们的情感。可以说这个时期是中国山水园林的奠基时期。

唐代是山水园林全面发展的时期。这一时期,国家相对安定,经济得到发展,文化诗文、绘画、工艺都呈现出一片繁荣景象,建筑更是得到大规模的发展。京都长安城的北郊设有规模宏大的禁苑,另外还有东内苑、西内苑和南苑诸园。在大明宫的内廷区,挖有太液池,在池中堆有蓬莱仙山,池周围布置殿宇长廊,形成一个专门的内廷园林区。这个时期的私家山水园更得到极大发展。诗人白居易在他任杭州刺史时,极力开发了西湖风景区,同时他又精心营造自己在洛阳的小宅园。宅园中有各种山石和亭台楼阁,园中堆筑有太湖石、天竺石、青石和石笋,四周建有小楼、亭台、游廊,供读书、饮酒、赏月和听泉之用。这类私家小园在洛阳一地就有千家之多。

到了宋代,造园更加普遍,从京都到地方,从贵族到平民,造园的地区和规模都扩大了。在京都汴梁,建造的帝苑就有九处之多,其中最著名的就是宋徽宗时所建的艮岳。为了建造这座帝王园林,平江府（今江苏苏州）专门设了应奉局，负责搜集南方的名花异石，凡发现民间有一石一木可用者，就破墙拆屋强夺后运往汴梁。当时运输花石的船成群结队，所以称为"花石纲"，为此还引起极大的民愤。

汴梁城内外，大臣贵族的私园不下一二百处。就连当时的一些酒楼为了招揽生意，也在店内设置园林，建造亭榭，有的挖池沼、设画舫，让宾客在船上饮酒作乐。大规模的造园活动促进了造园技术和艺术的发展。园中造山由用土堆山转为用石堆山，仿照自然界的屏障、峰岫、石壁、瀑布、溪谷，有的还做出山间磴道、栈道，仿蜀道之难，在这些实践中造就了一批堆石造山的名匠。植物栽培术也得到了发展，用驯化、嫁接技术使洛阳园林的花木多达千种，光牡丹、芍药的品种就有百余种。南方的名花如紫兰、茉莉、山茶花等也都在洛阳落户生长。

明、清两代是我国古代园林的最后兴盛期，给我们留下了不少名园，使我们能够亲身体会到古代园林的风采。

园林在发展过程中，由于南北环境、气候、资源、功用等不同，形成了南北两种不同的风格。北方的园林，大部分是皇家休闲娱乐或者处理朝政的地方，被称为皇家园林或者北方园林。南方的园林，是居住和赏玩为一体的园林建筑，被称为私家园林或者南方园林。

北方园林和南方园林虽然都属自然山水园，以模仿自然，得自然山水之真趣为上品，但它们又各有自己的特点。

从园林的内容上看，北方园林兼有朝政、生活、游乐的多种功能；而南方园林则有待客、读书、游乐的要求。从规模上看，北方园林占地大，有几千亩之广，多选择在京城之郊。

中国最早皇家园林灵囿，方圆35千米；秦汉的上林苑，广150余千米；隋朝的洛阳西苑，周100千米，其内为海，周5千米；唐朝长安宫城北面的禁苑，南北16.5千米，东西13.5千米；北宋徽宗时的东京艮岳，是在人造山系——万岁山的基础上改建而成，"山周十余里"，北则俯瞰，有"长波远岸，弥十余里"的景龙江；元代大都西御苑太液池，"广可五六里，加飞桥于海中，起瀛洲之殿，绕以石城"；明代在此基础上，扩建成南海、北海、中海；清代所建避暑山庄，其围墙周长10千米，内有564公顷的湖光山色。圆明园占地200多公顷，长春、万春二园150多公顷。最晚建成的颐和园，占地约287公顷。

  显而易见，皇家园林的规模是私家园林所望尘莫及的。而南方园林附设在住宅之旁，占地不大，多者几十亩，小者仅几亩之地。从园林风格上看，北方园林追求宏伟的大气魄，建筑金碧辉煌，颜色五彩缤纷，讲求同林的整体构图；而南方园林则追求平和、宁静的气氛，建筑不求华丽，色彩讲究清淡雅致，力求创造一种与喧嚣的城市隔绝的世外桃源境界。

  总体上，北方园林以凝重华丽为主，南方林园则是轻巧淡雅的风格。北方园林，因地域宽广，建筑面积都很广；又因为是发展起来比较早，备受皇家的青睐，所以建筑都很富丽堂皇。秦始皇所建阿房宫区，"五步一楼，十步一阁"；汉代未央宫"宫馆复道，兴作日繁"；到清代更增加园内建筑的数量和类型。凭借皇家手中所掌握的雄厚财力，加重园内的建筑分量，突出建筑的形式美因素，作为体现皇家气派的一个最主要的手段，从而将园林建筑的审美价值推到了无与伦比的高度。论其体态，雍容华贵；论其色彩，金碧辉煌，充分体现浓郁的华丽高贵的宫廷色彩。

  北方多山，根据就地取材的原则，北方园林大都是依山而建；北方园林拥有了北方的大气和粗犷，但不免少了些南方的秀丽媚美。北方园林的代表大多集中于北京、西安、洛阳、开封，其中尤以北京为代表。如承德的避暑山庄、北京圆明园、颐和园等。

  南方园林由于所处环境形成了它独特的风格。南方人口密集，园林的建筑面积都不是很大。南方的园林是在住所的基础上发展起来的，最初只是在住所旁边开一个小花园，因此南方园林普遍小巧玲珑；南方气候潮湿，降水多，形成了不计其数的大大小小的河湖，加上怪石嶙峋、植被茂盛，南方园林内部景致都细腻精美。南方园林讲究山林野趣和朴实的自然美，善于把握有限的空间，巧妙地组合成千变万化的园林景色，充分体现了我国造园的民族风格，并广泛吸取了中国山水画的理论，以拙政园、网师园为代表。

由于上述特点，南方园林形成了明媚秀丽、淡雅幽深的风格特点，但是相较于北方园林的宽广略显局促。南方园林的代表大多集中在南京、上海、无锡、苏州、扬州等地，其中尤以苏州的园林最为有名。

皇家第一园林——承德避暑山庄

北方现存的园林大都兴建于清朝。康熙皇帝用武力取得了政局的稳定之后，在经济得到恢复和发展的基础上，开始了皇家园林的建设。园林建设集中在北京的西郊和河北的承德两地。

承德是清代皇帝带着皇族狩猎和习武的地方，那里有山有水，气候凉爽。康熙四十二年（公元1685年）开始在那里利用山丘起伏和热河泉水汇集之地兴建皇家园林，占地共8 000余亩，这就是清代最大的皇家园林——承德避暑山庄。

避暑山庄是由康熙三十六景和乾隆三十六景组成的集锦式园林，与北京颐和园、苏州拙政园、留园并称为中国四大名园。承德避暑山庄建在自然环境相当复杂的崇山峻岭中，占有先天的有利地形，是北方园林的典型代表。承德避暑山庄最大的特点就是山中有园，园中有山。山庄内的景物虽然所剩不多，但它宏伟的规模、静穆幽深的山野气息，因外八庙的衬托而强化了的庄严神秘，特别是因为它作为重大历史事件的舞台,其历史价值和艺术价值都是不可低估的。

避暑山庄是由清代皇帝秋季去木兰围场狩猎时,沿途所经过的20多座行宫中最大的一座发展起来的。自康熙二十年建木兰围场,皇帝每年都要进行叫做"木兰秋狝"的北巡围猎活动,不但有政治目的,还有一定的军事目的。围场的范围,几乎有10 000平方公里。由此可见,我们在叙述古代园林起源时所介绍的囿,直到清代仍然存在着。

避暑山庄从康熙四十二年开始动工,直到乾隆五十五年才完全竣工,修建长达89年,仅环绕山庄蜿蜒起伏的宫墙就长达万米。山庄内部分宫殿区、湖泊区、平原区、山峦区四大部分。

宫殿区位于湖泊南岸,地形平坦,是皇帝处理朝政、举行庆典和生活起居的地方,占地100 000平方米,由正宫、松鹤斋、万壑松风和东宫四组建筑组成。湖泊区在宫殿区的北面,湖泊面积包括洲岛约占43公顷,有8个小岛屿,将湖面分割成大小不同的区域,层次分明,洲岛错落,碧波荡漾,富有江南鱼米之乡的特色。东北

角有清泉，即著名的热河泉。平原区在湖区北面的山脚下，地势开阔，有万树园和试马埭，是一片碧草茵茵，林木茂盛，茫茫草原风光。山峦区在山庄的西北部，面积约占全园的五分之四，这里山峦起伏，沟壑纵横，众多楼堂殿阁、寺庙点缀其间。在避暑山庄东面和北面的山麓，分布着宏伟壮观的寺庙群，就是著名的外八庙。外八庙以汉式宫殿建筑为基调，吸收了蒙、藏、维等民族建筑艺术特征，创造了中国多样统一的寺庙建筑风格。

山庄整体布局巧用地形，因山就势，分区明确，景色丰富，与其他园林相比，有其独特的风格。在造园上，它继承和发展了中国古典园林"以人为之美入自然，符合自然而又超越自然"的传统造园思想，总结并创造性地运用了各种造园素材、造园技法，使其成为自然山水园与建筑园林化的杰出代表。在建筑上，它继承、发展、并创造性地运用各种建筑技艺，撷取中国南北名园名寺的精华，仿中有创，表达了"移天缩地在君怀"的建筑主题。

在园林与寺庙、单体与组群建筑的具体构建上，避暑山庄及周围寺庙实现了中国古代南北造园和建筑艺术的融合。山庄融南北建筑艺术精华，园内建筑规模不大，殿宇和围墙多采用青砖灰瓦、原木本色，淡雅庄重，简朴适度，与京城故宫的黄瓦红墙、描金彩绘、堂皇耀目呈明显对照。

山庄的建筑既具有南方园林的风格、结构和工程做法，又多沿袭北方常用的手法，成为南北建筑艺术完美结合的典范。避暑山庄不同于其他的皇家园林，按照地形地貌特征进行选址和总体设计，完全借助于自然地势，因山就水，顺其自然。它囊括了亭台阁寺等中国古代大部分建筑形象，展示了中国古代木架结构建筑的高超技艺，并实现了木架结构与砖石结构、汉式建筑形式与少数民族建筑形式的完美结合。加之建筑装饰及佛教造像等中国古代最高超技艺的运用，构成了中国古代建筑史上的奇观。

承德避暑山庄是中国园林史上一个辉煌的里程碑，是中国古典园林艺术的杰作，享有"中国地理形貌之缩影"和"中国古典园林之最高范例"的盛誉。

皇家的最后一座园林

位于北京西郊的颐和园，虽然没有承德避暑山庄的大气，但独特的造景艺术也让人为之惊叹。颐和园是我国最后一座皇家园林，也是中国现存最完整、最大的皇家园林，在海内外享有盛誉。

颐和园的前身是清漪园，公元1750年乾隆以庆贺母亲皇太后六十大寿和整治京城西北郊水系的双重名义，开始改造和经营颐和园，历时15年才完成。公元1888年，慈禧太后把清漪园改名颐和园。为了给自己祝寿，慈禧挪用了五百多万两白银海军军费，对颐和园又进行了重建。

造园者首先将原来的瓮山和西湖加以改造，扩大了水面，在湖的东面筑成一道东堤，设有水闸；在湖的西面留出一条西堤，组成一个具有蓄水功能的大小3个水面的湖泊，定名为昆明湖。同时在瓮山上下大兴土木，在山的南坡中央建造了大报恩延寿寺，将瓮山定名为万寿山，以庆贺皇太后大寿。

清漪园主要由万寿山和昆明湖两部分组成，可以划分为3个大的景区。一是万寿山东部的宫廷区。凡属离宫型园林，都有供皇帝上朝听政的地方，所以在清漪园的东宫门里有一组宫廷建筑群。其中有皇帝听政的仁寿殿，住宿用的玉澜堂、宜芸馆和乐寿堂，以及成组的服务性建筑。它们也是采用传统的前朝后寝的布局，仁寿殿在前，寝宫在后。

第二个景区是前山前湖区，这是清漪园最主要的部分。万寿山经过改造，形成坐北面南、前临湖水的良好格局。在山的前坡中央

建有一大组大报恩延寿寺建筑群。万寿山的前山部分，是全园的中心。随着山势，由山脚到山顶，沿着中轴线从湖滨牌坊起，经排云殿、德晖殿，层层上升，达到全园最高点佛香阁和智慧海。其中最高的原为一座高9层的宝塔，还未完工之时，发现有倒塌危险，拆除后改建为供佛像的楼阁，即佛香阁。这一组建筑金碧辉煌，成了整座清漪园的风景中心。在它的两边，布置着成组的建筑，其中有宗教建筑转轮藏、五方阁；有游乐建筑画中游、听骊馆、景福阁；还有许多可供休息玩乐的院落建筑。

特别是在万寿山的南面脚下，沿着昆明湖岸，建造了一条长达728米的长廊，自东往西，贯穿整个前山区。这是世界上最长的长廊，它把几个风景点串通成一线。在长廊的每根枋木梁上都绘有我国传统的建筑彩画，有人物、山水、花鸟等，计8 000多幅，是名副其实的画廊。人们漫步廊中，外观湖光山色，里望组组宫殿与住所；内望廊里，每一间廊子的梁架上都画满了不同题材、不同内容的彩画。长廊，成了一条绚丽多彩的画廊，一条观赏园内不同风光的游廊。

前湖经改建后，用堤岸分隔成了3个湖面。西堤是模仿杭州西湖的苏堤，在堤上也建了6座桥。在3个湖中各有一岛，象征着东海中的蓬莱、方丈和瀛洲3座仙山。昆明湖景色迷人，阴晴雨雪，春夏秋冬，不断变幻着自己的风采。湖畔的西堤、玉带桥、文昌阁、十七孔桥，都是昆明湖上著名的胜迹。

登上万寿山，近处的昆明碧水，远处的万顷良田，相连成片，一望无际，园林风光在这里得到了无穷尽的伸延。

颐和园内有许多精美的文物。十七孔桥畔的铜牛，是中国古代雕塑的精品。重207吨的铜亭，为中国之最。清晏舫是中国最大的石舫。

三是后山后湖区。万寿山的北麓，紧靠着围墙，地势狭窄，本没有什么景致，但造园者却巧妙地在山脚下沿着北墙挖出一条河道，并且使河道形成宽窄相间的湖面，用挖出的土就近在北岸堆成山丘，两岸密植树木，然后将昆明湖水自万寿山的西面引入后山。这样就造成了夹峙在山丘之间的一条后溪河，在这条河的中段还模仿苏州水街建造了一条买卖街。苏州街无论水中还是水边的建筑，皆与万寿山上的景观呼应，整体布局，造景有序。"街上"有各式店铺，如玉器古玩店、绸缎店、点心铺、茶楼、金颐和园苏州街银首饰楼等。店铺中的店员都是太监、宫女装扮。皇帝游幸时开始"营业"。

泛舟后湖，或处于自然山林之间，湖面忽宽忽窄，忽明忽暗，山重水复疑无路，柳暗花明又一村；或进入繁华市街，两岸鳞次栉比地排列着各式店铺。登岸步入后山山道，则两旁高树参天，树荫深处，散布着组组亭台楼阁。到了后山的东头还会出现一座谐趣园，这是模仿无锡寄畅园建造的园中之园。小水一塘，四周布置着楼台亭榭，环境宁静清幽，别有洞天。整个后山，变成一个与开阔的前山前湖迥然不同的、十分幽静的景区。

颐和园汲取天下风景名胜之特色，荟萃南北园林之精华，是中国园林艺术中的一朵奇葩。其构思巧妙、建筑之精，集中国园林艺术之大成，有"皇家园林博物馆"之称。

苏州园林

如果说，承德避暑山庄、北京颐和园以富丽堂皇的皇家气派闻名于世，那么中国长江以南的许多私家花园，就像秀丽多姿的小家碧玉一样，别有风采。

自古以来，中国长江以南多是私家园林。如苏州、无锡、杭州等地较为集中。而苏州的私家园林最多，也最有名气，"江南园林甲天下，苏州园林甲江南"，就是对它的赞美。

苏州地处江南水乡，气候适宜，物产富饶，被人们誉为"人间天堂"。苏州街、河并行，桥、路相接，小桥流水之景随处可见，素有"东方威尼斯"之称。

苏州是一座园林之城。据史书记载，苏州私家园林有200处之多，分布在苏州的大街小巷。苏州的私家园林大多与住宅相连，占地少，善于在有限的空间里，创造出千变万化的景观，"虽居闹市而有山林之趣"。苏州园林中最有特色的要算宋代的"沧浪亭"、元代的"狮子林"、明代的"拙政园"和清代的"留园"。

沧浪亭位于苏州城南，是苏州最古老的一所园林，始建于北宋庆历年间（公元1041—1048年），取渔父《沧浪之水》命名为"沧浪亭"，南宋初年（公元

12世纪初）曾为名将韩世忠的住宅。沧浪亭造园艺术与众不同，未进园门便设一池绿水绕于园外。园内以山石为主景，迎面一座土山，沧浪石亭便坐落其上。山下凿有水池，山水之间以一条曲折的复廊相连。假山东南部的明道堂是园林的主建筑，此外还有五百名贤祠、看山楼、翠玲珑馆、仰止亭和御碑亭等建筑与之衬映。

　　全园布局，自然和谐，堪称构思巧妙、手法得宜的佳作。与狮子林、拙政园、留园列为苏州宋、元、明、清四大园林。此园数易其主，历经沧桑，但多是建筑物的倾毁修复，而园中假山，园外池水，大多保持旧观。沧浪亭古朴优美，园内结构以假山为中心。山上古木参天，沧浪古亭隐蔽在里面。园内许多建筑，环绕在假山的周围，高低曲折，优美宁静。亭南山下有明道堂，是园内最大的一处建筑。园内西南有假山石洞，叫印心石屋。山丘上有小楼，叫看山楼。小山前一带有回廊，叫步崎，随地形变化，曲折逶迤。

　　狮子林为苏州四大名园之一，至今已有600多年的历史，位于苏州城内东北部，始建于元至正二年（公元1342年）。因园内石峰林立，多状似狮子，躺着的、坐着的、趴着的、用后腿立着的、歪头憨笑的、抱着绣球的各式各样的狮子，十分逼真。一旦进入湖石叠成的假山，就像进入迷宫。洞与洞之间，景象各不相同，被称为"桃园十八景"。园内以假山洞壑取胜，元代遗留下来的石笋，千奇百怪，挺立洞顶，苍松翠柏，又长在石缝之间，蔚为奇观。

狮子林平面呈长方形，面积约15亩，林内的湖石假山多且精美，建筑分布错落有致，主要建筑有燕誉堂、见山楼、飞瀑亭、问梅阁等。狮子林主题明确，景深丰富，个性分明，假山洞壑匠心独具，一草一木别有风韵。

园内建筑以燕誉堂为主，堂后为小方厅，有立雪堂。向西可到指柏轩，为二层阁楼，四周有庑，高爽玲珑。指柏轩之西是古五松园。西南角为见山楼。由见山楼往西，可到荷花厅。厅西北傍池建真趣亭，亭内藻饰精美，人物花卉栩栩如生。亭旁有两层石舫。石舫备岸为暗香疏影楼，由此循走廊转弯向南可达飞瀑亭，是为全园最高处。园西景物中心是问梅阁，阁前为双仙香馆。双香仙馆南行折东，西南角有扇子亭，亭后辟有小院，清新雅致。狮子林，面积不大，但结构精巧玲珑。

拙政园与北京颐和园、承德避暑山庄、苏州留园并称为我国四大古典名园，被誉为"中国园林之母"。拙政园位于苏州娄门内，是苏州最大的一处园林，也是苏州园林的代表作，始建于明正德年间。拙政园分为东园、中园、西园三部分。

东园山池相间，点缀有秋香馆、兰雪堂等建筑。西部水面迂回，布局紧凑，依山傍水建以亭阁，其主体建筑鸳鸯厅是当时园主人宴请宾客和听曲的场所，厅内陈设考究。园中"与谁同坐轩"乃为扇亭，扇面两侧实墙上开着两个扇形空窗，一个对着倒影楼，另一个对着"鸳鸯厅"。后面面山的那一窗中又正好映着入山的笠亭，而笠亭的顶盖又恰好配成一个完整的扇子。

中园是拙政园的精华部分，其总体布局以水池为中心，亭台楼榭依水而建，具有江南水乡的特色。主体建筑远香堂位于水池南岸，隔池与主景东西两山岛相望。山岛上各建一亭，西为雪香云蔚亭，东为待霜亭，四季景色因时而异。拙政园中园的布局以荷花池为中心，远香堂为主体建筑，池中两岛为其主景，其他建筑大都临水并面向远香堂，从建筑名称来看，大都与荷花有关。之所以要如此大力宣扬荷花，主要是为了表达园主孤高不群的清高品格。

西部原为"补园"，面积约12.5亩，其水面迂回，布局紧凑，依山傍水建以亭阁。后因被大加改建，所以乾隆后形成的工巧、造作的艺术风格占了上风，但水石部分同中部景区仍较接近，而起伏、曲折、凌波而过的水廊、溪涧则是苏州园林造园艺术的佳作。

拙政园富丽堂皇，雍容华贵。它以水池为中心，顺应水乡自然条件进行造园。轩、亭、园、馆、阁、桥等各建筑物傍水而建，造型轻盈活泼，组成了一组精巧富丽的建筑群。拙政园内池水萦回环抱，似断似续，岩壑、花木、屋宇，相互掩映。

留园，中国四大名园之一。留园坐落在苏州市阊门外，始建于明代。清代时称"寒碧山庄"，俗称"刘园"，后改为"留园"。留园占地约50亩，中部以山水为主，是全园的精华所在。主要建筑有涵碧山房、明瑟楼、远翠阁、曲溪楼、清风池馆等。池南涵碧山房与明瑟楼为留园的主要观景建筑。留园内建筑的数量在苏州诸园中居冠，其在空间上的突出处理，充分体现了古代造园家的高超技艺和卓越智慧。它以建筑空间处理得当而居苏州园林之冠。

留园全园分为4个部分，在一个园林中能领略到山水、田园、山林、庭园4种不同景色：中部以水景见长，是全园的精华所在；东部以曲院回廊的建筑取胜，有著名的佳晴喜雨快雪之厅、林泉耆硕之馆、还我读书处、冠云台、冠云楼等十数处斋、轩。院内池后立有3座石峰，居中者为名石冠云峰，两旁为瑞云、岫云两峰；北部具有农村风光，并新辟盆景园；西区则是全园最高处，有野趣，以假山为奇，土石相间，堆砌自然。

留园内的建筑景观

还有表现淡泊处世之坦然的"小桃源（小蓬莱）"。建筑布局紧密，丰富多彩，变化多端。留园中部和西部以山水为主，北部为田园风光。建筑群集中在东部，这里重檐叠楼，曲院回廊，建筑群把全园空间巧妙地分隔，组成几个各具特色的景区。它的紧密结构同拙政园的疏朗境界有异曲同工之处。

中国古话说："上有天堂，下有苏杭。"人们常以"花园之城"形容一个城市之美，苏州享此殊荣则当之无愧。

亭：凭栏之处

亭台楼阁，属于中国传统建筑。它们或面对巍巍群山，或俯视浩浩江湖，或融于园林之中，或居于市井之上；有的高大壮观，有的小巧玲珑，有的华美辉煌，有的简易朴实。但无论形式如何、位置怎样，都显示出民族的人文特征和风土人情，点缀出一处处富有诗情画意的美景。

在众多类型的亭中，方亭最常见。此外还有半亭和独立亭、桥亭等，多与走廊相连，依壁而建。亭的平面形式有方、长方、五角、六角、八角、圆、梅花、扇形等。如拙政园中的天泉亭就为重檐八角亭，出檐高挑，外部形成回廊，庄重质朴，围柱间有坐槛，可以坐歇欣赏。四周草坪环绕，花木扶疏。亭顶除攒尖以外，歇山顶也相当普遍。

亭子常常建在山上、水旁、花间、桥上。在这些地方筑亭，一般都能构成园林空间中美好的景观艺术效果。在园林中可以点景、观景，可以供人小憩、纳凉、避雨，也使园中的风景更加美丽。中国的亭子大多是用木、竹、砖、石建造的。

南北方的园林虽然有所差异，但是它们都拥有丰富的组成元素，处处显示出古代人的智慧和审美品位。不管是小巧玲珑的南方私家园林还是金碧辉煌的北方皇家园林，都少不了亭台楼阁的装饰。通过丰富而不重复的建筑小品，营造出园林或雍容华贵或小家碧玉的意境。园林中的亭台楼阁的设计是怎么融入园林中的呢？这就需要了解亭台楼阁的简单的发展史。首先来看既实用又具有观赏价值的亭的发展。

亭，是一种有立柱和屋顶，四面无墙，八面透风，供人们休息、纳凉、眺望和观赏的建筑小品之一。它和楼、台、殿、阁、榭、廊、桥等一样散布在大江南北，点缀着祖国的锦绣河山。

如果你读了许多关于亭的书，或者亲自游历各地，就会为亭所具有的诗情画意之美和形制种类数量之多而感叹不已。在中国，从千里冰封的塞北，到四季常青的海南；从西部的大漠，到东部的海岛，到处可见到亭的英姿。至于中原地区，无论是大江南北，还是长城内外，更可谓亭亭玉立，星罗棋布。"亭"以它优美的身姿、高超的建筑技术和丰富的文化内涵而为人们所赞誉，使古往今来无数文人墨客为之题诗作赋，从而使"亭"在华夏文明史中留下了浓重的笔墨，在我国传统文化宝库中散发出缕缕馨香。

中国的亭历史悠久。据有关文献记载，早在2 800年前的西周时期，就已经有了亭。最初的亭，是建在边防要道作为瞭望之所。"亭燧相望""戎亭息警"就是对亭在当时应用于军事的写照。

春秋及战国时代，亭已逐渐成为往来于路上的行人驻足小憩、避风雨和邮驿之所。这样的亭，被称为邮亭、驿亭和客亭。

秦统一以后，又出现了一种作为划分行政区域、用于维护地方治安的亭。《汉书》所谓"十里一亭，十亭一乡"说的就是这种亭。十里一长亭，五里一短亭，亭亭都设有亭长管辖。据说汉代开国皇帝刘邦在起义前，就曾任过秦代的泗水亭长。

在汉代初期，政治上的相对稳定促进了经济的发展，市场上买卖兴隆。朝廷为监视贸易活动，便在其贸易场所的高地上建立瞭望亭和作为插旗标志的旗亭。望亭和旗亭的出现，说明亭在使用方面正向更加广阔的领域发展。东汉后期，还把亭用作封功的雅号。三国时的蜀汉大将关羽，曾被封为"汉寿亭侯"。如果当时或以前没有象征高贵的"寿亭"之类的亭，大概就不会有这种称号了。说明亭已成了象征权贵的吉祥物。晋代以亭封侯者更多。

　　大约在汉末，亭已进入民间生活和园林之中。到了晋代，亭的建筑就更为普遍了。地处现在绍兴市西南15公里的兰渚山麓，有闻名中外的兰亭。公元353年农历三月初三，东晋著名书法家王羲之，曾邀约谢安、孙绰等名流以及亲朋子侄共41人聚会于兰亭，在此饮酒赋诗。在这里，王羲之写下了扬名古今的《兰亭集序》，叙述了当时"群贤毕至，少长咸集"的情景。说明亭在当时已经成为供人休息、游乐之所。

　　此后，亭又逐渐成为人们送亲别友、迎宾小酌之处。这种亭往往建在路边或江河渡口，被称为路亭或渡亭。唐代诗人李白，曾以"玉阶空伫立，宿鸟归飞急。何处是归程？长亭更短亭"的诗句，表达了远离家乡，行在途中的异乡人归心似箭的殷切心情。李白还有"驿亭三杨柳，正当白下门"的诗句，说明驿亭在唐代仍在延续使用。

　　隋唐之前，亭子作为一种建筑物，以它的实用价值为主，出现了各种具有专门用途的亭子。进入隋唐时期，尤其是唐朝，亭已被作为主要装点景色的建筑物之一，进入皇家庭院和园林。据《大业杂记》中记载，隋炀帝曾辟地建西苑，其中所造的逍遥亭，有"八面合成，结构之丽，冠绝古今"之说。唐初曾出现"贞观之治"的太平盛世，社会经济得到了较快的发展，文化艺术的提高和园林名胜的兴起，更把亭推到空前发展的阶段。亭的造型和工艺都有了极大的提高，亭的建筑范围也较为普遍。于是，千姿百态的"亭"便应运而出。

敦煌莫高窟有唐代修建的壁画。画里所展现的亭的建筑造型非常丰富，不仅有四方亭、六角亭、八角亭、圆亭，而且还有采用攒尖顶、歇山顶、重檐顶等构筑方式修筑的亭。西安碑林现存的宋代摹刻"唐兴庆宫图"中，有唐玄宗李隆基和贵妃杨玉环饮酒作乐的"沉香亭"图案。这个图展示了一座雄伟壮丽的面阔3间的重檐攒尖顶方亭，说明当时的造亭艺术已具有相当高的水平，它和明、清时期流传下来的亭已大致相同了。在唐代，亭不仅是皇家的"宠物"，许多富豪或官僚的私人庭院也有了亭的建筑，出现了许多纪念亭、碑亭等。

宋代建亭之风更胜以往。挖湖堆山、建亭点睛的事例举不胜举。一些达官贵族，竞相在苏、杭二州等景色优美之地建宅造院，因而从私人园林到村边、路旁、山间、湖畔，到处都有亭的倩影。皇家庭院就更不必说。宋代还有《营造法式》一书问世，其中详细阐述了亭的形式和建造技术，使亭的建筑更加规范化。此后，不但亭的造型更加精巧，而且亭名也越来越讲究。"喜雨""沧浪"……都各具深意。由于亭的建造范围不断扩大，许多亭也都广为人用，就是一般穷苦百姓，也能领略到亭的趣味。亭下的小小空间，更加成了人们休息、游乐、诗人聚会的好去处。亭的艺术造型，也成了人们欣赏的好景点。

明、清时期，亭的建造更为普遍。陵墓、庙宇、祠堂、路边、井上或立碑处，到处都有亭类建筑。而皇家园林的亭，建造得尤为壮观。现存北京北海公园的五龙亭；景山公园的观妙、周赏、万春、富览、辑芳等五亭；颐和园的铜亭；中山公园的兰亭、碑亭，沈阳故宫的十王亭；承德避暑山庄的锤峰落照、四面云山、南山积雪、北枕双峰等四亭以及南方各地的御碑亭等，都是明、清时期的杰作。明、清时期还修复或重建了宋以前流传下来或毁或破的古亭。明末的计成曾著《园治》一书，书中辟有专门论述造亭及选址的篇章，对其后世造亭颇具影响。

在中国园林中，几乎都离不开亭。建造合理，可使全园俱活。例如：拙政园中的绣绮亭，其造型很是清秀美丽，四角起翘轻盈又舒展，台座、柱身及屋顶之间的比例恰到好处，充分表现了古典园林小筑之美。一般在园林中或高处筑亭，既是仰观的重要景点，又可供游人统览全景，在叠山脚前边筑亭，以衬托山势的高耸，临水处筑亭，则取得倒影成趣，林木深处筑亭，半隐半露，既含蓄而又平添情趣。

亭子在中国园林的意境中起到很重要的作用。亭子的造型是多种多样的，但它们的基本结构是相同的。一个屋顶，几根柱子，中间是空的。这样的建筑物起什么作用呢？它的作用就在于能把外界大空间的景象吸收到这个小空间中来。元人有两句诗："江山无限景，都取一亭中。"这就是亭子的作用，就是把外界大空间的无限景色都吸收进来。中国园林的其他建筑，如台榭楼阁，也是起这个作用，都是为了使游览者从小空间进到大空间，也就是突破有限，进入无限，令游览者在胸中引发一种对于整个人生、对于整个历史的感受和领悟。如：王羲之在《兰亭集序》的开头便写道："仰观宇宙之大，俯察品类之盛"。

亭既是重要的景观建筑，也是园林艺术中文人士大夫挽联题对点景之地。拙政园中的荷风四面亭。亭名因荷而得，坐落在园中部池中小岛，四面皆水，湖内莲花亭亭净植，湖岸柳枝丝丝婆娑，亭单檐六角，四面通透，亭中有抱柱联："四壁荷花三面柳，半潭秋水一房山。"用在此处十分贴切。尤其是联中的"壁"字用得好，亭子是最为开敞的建筑物，柱间无墙，所以视线不受遮挡，倍感空透明亮，虽然无壁，然而三面河岸垂柳茂盛无间，四周芙蓉偎依簇拥，不是密密匝匝地围成了一道绿色的香柔之墙吗？动人的夸张和丰富的想象，使这座岛上的小亭愈发显得多姿多彩，婷婷可人。风吹墙动，绿浪翻滚，清香四溢，色、香、形俱佳。

亭子从最初的具有实用价值到后来的实用与观赏价值兼备，经历了一个漫长的发展时期。亭子最初不是点缀的附属品，而是点睛之笔。后来，园林中的亭因其点睛的作用而誉满天下。

醉翁亭——酒不醉人人自醉

醉翁亭坐落在安徽省滁州市西南约5公里的琅琊山下。它之所以被誉为名亭，不仅由于所处的环境优美，而且还因为它的建立与史实相关。首先它的得名就很有文学色彩，名字的由来和当时的大文豪欧阳修有着密切的关系。

宋朝向来以"文治"著名，当时的文人志士很受尊敬并有很高的地位。欧阳修生在宋真宗景德四年，家境贫寒。小时候，欧阳修

没有条件上私塾读书。他的母亲很伟大，明白读书的重要性，于是在地上教自己的儿子写字。欧阳修也不负母望，经过刻苦学习，在他24岁的时候考中了进士，开始了他坎坷的仕途。在他任馆阁校勘时，因直言论事而被贬为知夷陵。以后又多次被起用或贬官。他历任谏官、翰林学士、枢密副使、参知政事等职。他主张文章"明道"、致用，曾改革宋初以来靡丽、险怪的文风，并积极培养后进，是古文运动的领袖。

欧阳修一生以儒家"仁政爱民"的思想维护当朝政权，并坚持不懈地与那些蠹国害民的"邪恶小人"做斗争，因而屡遭奸党的排斥和打击，使他在政治上始终没有得志。但他以"古圣先贤"的遗训作为立朝处事的行为准则，深受当时绝大多数人的爱戴。

宋仁宗庆历三年（公元1043年），欧阳修因支持范仲淹的"新政"而得罪了夏竦等一伙奸党。夏竦通过投机钻营的本事当上了宰相，并趁范仲淹、富弼等立志富国强民之士出兵守边之机，对范仲淹等人大加诬陷，令范仲淹等不得回京任职，欧阳修在京孤掌难鸣，随后也遭诬陷。

庆历五年（公元1045年），欧阳修被一贬再贬，于8月被贬为滁州太守，并于10月到任。他政治上失意，心情抑郁，便在处理完公务的闲暇时间去琅琊山中游览。他面对琅琊山的深冬淡景，心中不无感触，便写下《游琅琊山》诗一首：

    南山一尺雪，雪尽山苍然。
    涧谷深自暖，梅花应已繁。
    使君厌骑从，车马留山前。
    行歌招野叟，共步青林间。
    长松得高荫，磐石堪醉眠。
    止乐听山鸟，携琴写幽泉。
    爱之欲忘返，但苦世俗牵。

归时始觉远，明月高峰巅。

　　欧阳修借景抒情，表达了自己当时的处境和对山河美景的热爱。此后，他便常来山中游览，并与琅琊寺僧智仙结为至交好友。智仙见欧阳修常来山中，很同情他的奔波辛苦，让人出资在山腰处的酿泉（原名玻璃泉，又名让泉）旁建了一亭。欧阳修不但常到此亭中饮酒、歇息，还常在亭中处理公务。"为政风流乐岁丰，每将公事了亭中"的诗句，就是他常在亭中饮酒、办公的真实写照。欧阳修自称"少饮辄醉"，虽年仅40岁（庆历六年），但在同游者中已算高龄了，因而自号"醉翁"，其亭也因此得名。

　　欧阳修自号"醉翁"，绝非因自己酗酒酩酊，而是"醉翁之意不在酒"，是借醉来发泄郁结在心中的隐情。他哀皇上轻信谗言；恨奸党诬陷忠良；怜自身贬官僻壤，才智不得施展。"我时四十犹强力，自号醉翁聊戏客"，淋漓尽致地表明了他的失意心情。他虽因政治上的失意而怅惘，但这里的风物人情使他增加了几分欢乐。他喜欢这里地僻而事简，爱这里民风之安闲。在这里，他可与滁人一起仰而望山，俯而听泉，观四时之景。他到任的第二年写下了著名的散文《醉翁亭记》，不但其文成了千古名篇，醉翁亭也借此千古流芳。《醉翁亭记》云：

　　环滁皆山也。其西南诸峰，林壑尤美。望之蔚然而深秀者，琅琊也。山行六七里，渐闻水声潺潺，而泻出于两峰之间者，酿泉也。峰回路转，有亭翼然临于泉上者，醉翁亭也。作亭者谁？山之僧智仙也。名之者谁？太守自谓也……

　　已而，夕阳在山，人影散乱，太守归而宾客从也。树林阴翳，鸣声上下，游人去而禽鸟乐也。然而禽鸟知山林之乐，而不知人之乐；人知从太守游而乐，不知太守之乐

143

其乐也。醉能同其乐，醒能述以文者，太守也。太守谓谁？庐陵欧阳修也。

每当人们读到这篇散文时，就会联想到醉翁亭及其周围的景色，甚至还会情不自禁地联想到当年欧阳公被贬的史实和对后世的鉴戒与警醒。而当人们游览于琅琊山下，或息憩于醉翁亭中，也会在高兴之余想起这篇散文佳作并缅怀古人的事迹。

醉翁亭成为一代名亭，虽然和欧阳修有着密切关系，但其本身也以特有的建筑之美屹立于百亭之中。

建造醉翁亭时，运用了巧妙而科学的框架式结构，这是中国古代建筑在结构上最重要的一个特征。因为中国古代建筑主要是木构架结构，醉翁亭正是运用中国传统建筑的这种特点，只用几根柱子撑起整个建筑，使其造成一种"亭亭玉立"的形象。这种结构，不仅有很高的实用价值，而且也有很好的审美价值。框架式结构可以使亭子在不同气候条件下，满足各种功能要求，比如通风，使其成为歇脚乘凉的好场地；借景，坐在亭下，亭子周边的山林风光尽入眼中；此外还有采光等。

中国古代的匠师更多的是追求亭子的艺术意境，因此很早就学会利用屋顶来取得艺术效果。中国人审美体验中认为舒展如翼的屋顶是最美的，我国古代匠师抓住这点，充分运用木结构的特点，创造了起翘的形式，形成如鸟翼伸展的檐角和屋顶各部分柔和优美的曲线。这样的屋檐设计表现出了一种"飞动之美"，象征着中国人蓬勃向上的精神。

"有亭翼然临于泉上者，醉翁亭也。"整个醉翁亭给人以轻巧欲飞之感。这种美在本质上是时间进程的流动美，在个体建筑物上表现出来，显出线的艺术特征，形成微翘的飞檐，使本应沉重向下压的房顶，反而随着线的曲折，显出向上挺举的飞动轻快，配以宽厚的台基，使整个醉翁亭无丝毫的头重脚轻之感，体现出一种清理协调、舒适实用、有鲜明节奏感的效果。

陶然亭——与君一醉一陶然

陶然亭位于北京市西城区西南隅，旧北京外城的慈悲庵内。慈悲庵，旧称慈悲院，建在溪流纵横、一片水塘中心高地的土丘上。陶然亭就建在慈悲庵内西侧，面阔3间，进深一间半，面积90平方米。亭上有苏式彩绘，屋内梁栋饰有山水花鸟彩画。两根大梁上绘《彩菊》《八仙过海》《太白醉酒》《刘海戏金蟾》。亭上有三块大匾：一块是建亭人江藻亲笔题写；一块是取齐白石《西江月·重上陶然亭望西山》词；一块是郭沫若题"陶然亭公园"门额中字。东向门柱上悬"似闻陶令开三径，来与弥陀共一龛"，此联是林则徐书写。旧联无存，现在的楹联是由当代书法家黄苗子重书。亭间分别悬挂"慧眼光中，开半亩红莲碧沼，烟花象外，坐一堂白月清风"。现在对联是现代书法家康雍书写。"烟藏古寺无人到，榻倚深堂有月来"，此联是翁方纲所撰，光绪年间慈悲庵的主持僧静明请光绪皇帝的老师翁同龢重写。

在亭的南北墙上有四方石刻，一是江藻撰写的《陶然吟》引并跋，二是江皋撰写的《陶然亭记》，三是谭嗣同著《城南思旧铭》并序，四是《陶然亭小集》。

陶然亭建成后，江藻常邀请一些文人墨客、同僚好友到陶然亭上饮宴、赋诗，这里变成了文人墨客"红尘中清净世界也"。故陶然亭是文人雅集的地方，留下了很多诗文，秋瑾、龚自珍等都曾在陶然亭上留下诗文。

从上述可以看出，亭子和文学会有些关系，是文人骚客们集会抒怀的好地方。陶然亭的建造者也是长于诗文与建筑的江藻。康熙三十四年时，陶然亭建于庵内西侧。最初建造的亭子很小，江藻为其取名为"江亭"。后来，江藻觉得这个名字略显俗气，缺乏诗意，于是他根据唐代著名诗人白居易的诗句"更待菊黄家酿熟，与君一醉一陶然"中的意境，改名为"陶然亭"。再后来觉得小亭子不够大气，将其拆掉建造了现在的敞轩式的陶然亭。敞轩式的亭子和古代的驿亭、望亭相似，适合登高远望。

陶然亭所处地势高于内城城堞，可登高远眺，周围的水塘环境又增添了自然景观的色调及其地处闹市附近的僻静等特点，使它对游客产生了较强的吸引力。所以在清代，每当秋高气爽之际，人们便到这里登高览景。许多文人雅士也来这里饮酒赋诗。经过几百年来文人的渲染，使陶然亭的名声遍闻全国。

爱晚亭——霜叶红于二月花

爱晚亭，位于湖南省岳麓山下清风峡中的一座小山上，始建于公元1792年，距今已经有200多年了。原名"红叶亭"，后改为"红枫亭"，也称"爱枫亭"，最后根据杜牧《山行》中的名句"停车坐爱枫林晚，霜叶红于二月花"定名为"爱晚亭"。"爱晚亭"的名字一直延续至今，也是最符合这个亭子诗意的名字。说起亭子的名字，由于亭子周围风景优美，犹如仙境，流传着不少传说，不过最具说服性和文学性的当属袁枚和罗典由"敌"变"友"的故事。

爱晚亭坐落的岳麓山，在湖南省长沙市湘江西岸，居五岳之一的南岳衡山余脉之尾，可谓占据了依山傍水的先天条件。这里碧嶂屏开，层峦耸翠，山涧幽深，枫林葱郁，素有"岳麓之胜，甲于湘楚"之称。每值深秋时节，漫山遍野的枫树便披上了红色的衣装，给这片秀丽的山峦增加了几分妖娆。

爱晚亭建在风景如画的岳麓山中，又临近学人云集的中国古代四大书院之一的岳麓书院，在当时就享有盛名。据说此亭是乾隆时岳麓书院的院长罗典所建。罗典在讲学之余，经常到岳麓山中游览，清风峡则更是他常去的地方。他爱这里四季不同的秀丽景色，更爱这里的秋枫红叶，于是他便请来匠人，在这里建了一座精巧的重檐攒尖八柱方亭。

一天，有个周游讲学的古稀老人来到岳麓书院门前，说是慕名而来，要见罗典。罗典的弟子为这位老人通报了姓名。罗典一听，立即让弟子把门关上，避而不见。随后，罗典一想自己的做法不妥，人家以礼求见，不能不有所应酬，便派几个弟子前去陪同观光。

原来，这位古稀老人就是当时的名儒袁枚，是清代著名的文学家和诗人。袁枚为人耿直，不知避讳，仕途坎坷，屡遭贬谪。后来便隐居江宁小仓山，以诗文、游历和授徒终志。他不饮酒，不赌钱，不喜琴棋，不信风水，不求神佛，唯独酷爱读书讲学，乐于旅游。"岁月花与竹，精神文与诗"就是对他生活志趣的写照。

袁枚访罗典，就是游街山、登岳麓时的事。罗典之所以不见袁枚，也是由于学术上的不同和对袁枚行为的偏见。他让弟子去陪袁枚，完全是出于礼节。他还让弟子把袁枚的一举一动都告诉自己。

袁枚在罗典弟子的陪同下，游览岳麓山的名胜和深秋的风景。一路上，他一边观看远近的景色，一边和罗典的弟子们闲谈。在谈话中，他们不知不觉就来到爱枫亭前，袁枚为这里的风光所陶醉。当袁枚看到亭周围松青枫红、绚丽多彩的景象时，便情不自禁地吟起唐人杜牧的诗来：

远上寒山石径斜，白云深处有人家，
停车坐爱枫林晚，霜叶红于二月花。

他边吟边站起身来，走到亭前，看着亭名，拈着胡须对罗典的弟子说："爱枫亭亭名虽好，但这里的景色和杜牧的诗句更协调，倘能更名为'爱晚亭'，可能会更妥帖一些吧？"罗典的弟子纷纷称是，并原原本本地把袁枚观景中的一切都告诉了罗典。当罗典听到袁枚起的亭名时，不觉心头一热，继而拍案叫绝，连称"好亭名，好亭名，就改为爱晚亭"。当即，他吩咐大开院门，并亲自去迎接袁枚进来。从此，罗典和袁枚成了好朋友，爱枫亭也就成了爱晚亭。

爱晚亭不仅处在风景秀美的岳麓山清风峡中，更处在广聚文人雅士的书香之中，这为爱晚亭增加了不少亮点，可是爱晚亭本身也是一大亮点。爱晚亭亭形为重檐八柱，琉璃碧瓦，亭角飞翘，外形特别像繁体字的"亭"，自远处观之似凌空欲飞状。内为丹漆圆柱，外檐四石柱为花岗岩，亭中彩绘藻井，东西两面亭楣悬以红底鎏金"爱晚亭"额，是由当时的湖南大学校长李达专函请毛泽东所书手迹而制。

山无楼阁即无味

楼阁是中国古代建筑中的多层建筑物，起源于中国独有的高台建筑。秦汉时期，神仙方术的流行，使高台建筑兴起。"仙人好楼居"，让两个笃信神仙方术的帝王——秦始皇和汉武帝为建造楼阁乐此不疲，使汉代高台建筑达到鼎盛时期。唐宋时期，楼阁建筑已经十分堂皇，建筑造型艺术也达到极高成就。

楼阁是两层以上金碧辉煌的高大建筑，可以供游人登高远望，休息观景；还可以用来藏书供佛，悬挂钟鼓。在中国，著名的楼阁很多，如北京颐和园的佛香阁、江西的滕王阁、湖南的岳阳楼、湖北的黄鹤楼等。

楼与阁在早期是有区别的：楼是指重屋，阁是指下部架空、底层高悬的建筑；阁一般平面近方形，两层，有平坐，在建筑组群中可居主要位置。楼则多狭而修曲，在建筑组群中常居于次要位置，处于建筑组群的最后一列或左右厢位置。后世楼阁二字互通，无严格区分。

　　拙政园有一座见山楼，三面环水，两侧傍山，从西部可通过平坦的廊桥进入底层，而上楼则要经过爬山廊或假山石级。它是一座江南风格的民居式楼房，重檐卷棚歇山顶，坡度平缓，粉墙黛瓦，色彩淡雅，楼上的明瓦窗，保持了古朴之风。此楼高敞，可将中园美景尽收眼底。同样，楼阁也可以增添景致的美，拙政园的笠亭山上有一座八角形双层建筑，高大气派，煞是引人注目。山上林木茂密，绿草如茵，建筑好像浮动于一片翠绿浓荫之上，因而叫做"浮翠阁"。它造型高耸凌空，立面槅扇饰有精美图画。

　　此外，园林中的建筑命名也别有一番讲究，使人回味无穷。如苏州"沧浪亭"是宋朝诗人苏舜钦，因感于"沧浪之水清兮，可以濯吾缨；沧浪之水浊兮，可以濯吾足"而得名。苏州拙政园中"留听阁"的阁名，来自唐朝诗人李商隐"秋阴不散霜飞晚，留得残荷听雨声"的诗句。此园的"与谁同坐轩"，出自于苏东坡《点绛唇》"与谁同坐？清风，明月，我"。题额者把答案藏匿起来，耐人寻味。承德避暑山庄一组建筑称"月色江声"。每当月上东山，月光映湖水，山庄万籁俱寂，只听湖水轻拍堤岸，发出悦耳的声音，"月色江声"题名由此而来。

　　楼阁建筑增加了园林建筑的韵味，是园林中的点睛之笔，山无楼阁则无味。因此，在祖国的大好河山之中也有很多著名楼阁。

岳阳楼

　　岳阳楼，耸立在湖南省岳阳市西部的洞庭湖滨，始建于唐开元四年（公元716年）。相传它的前身是东吴大将鲁肃操练水师的阅兵台。岳阳楼建成以后，李白、杜甫、白居易、李商隐、刘禹锡、孟浩然、苏东坡等著名诗人、学士纷纷来岳阳楼吟诗作赋，留下了许多千古名篇。岳阳楼也是积聚了文人墨客的才气，使之更加有底蕴、更加体现出了除建筑美之外的人文美。公元 1044 年，滕子京被贬岳阳任职，第二年重修岳阳楼。他请好友范仲淹为楼作记，范仲淹欣然应允，写下了《岳阳楼记》这脍炙人口的名篇：

  庆历四年春，滕子京谪守巴陵郡。越明年，政通人和，百废俱兴。乃重修岳阳楼，增其旧制，刻唐贤今人诗赋于其上。属予作文以记之。

  予观夫巴陵胜状，在洞庭一湖。衔远山，吞长江，浩浩汤汤，横无际涯；朝晖夕阴，气象万千。此则岳阳楼之大观也。前人之述备矣。然则北通巫峡，南极潇湘，迁客骚人，多会于此，览物之情，得无异乎？

  …………

  其必曰"先天下之忧而忧，后天下之乐而乐"乎。噫！微斯人，吾谁与归？

这篇散文抒发了作者"不以物喜，不以己悲""先天下之忧而忧，后天下之乐而乐"的伟大胸怀，也使岳阳楼闻名于天下。

岳阳楼主楼两侧各有一座富有民族风格的亭子,左边的叫"仙梅亭",右边的叫"三醉亭"。"三醉亭"里有一尊举杯痛饮的木雕像,就是传说中的仙人吕洞宾。相传吕洞宾最爱喝酒,曾经三次醉倒在岳阳楼,因此题名为"三醉亭"。登临岳阳楼,还可以领略到"衔远山,吞长江,浩浩汤汤,横无际涯;朝晖夕阴,气象万千"的洞庭湖风光。

黄鹤楼

武汉的黄鹤楼,始建于公元223年的吴黄武二年,距今已有1700余年的历史。当时是一座用于军事瞭望和指挥的岗楼,以后逐渐演变为登临游憩、吟诗作画的胜地。

黄鹤楼名字的由来,一种说法是因建在黄鹄山上而得名,另一种说法则颇具神奇色彩:古时候,黄鹤楼只是一个姓辛的妇人用来卖酒的小酒肆,经常会有一些道士来此饮酒,为了表示对这位妇人的感谢,道士用橘皮在她的店墙上画了一只仙鹤,并告诉她这只仙鹤可以从墙上飞下来,唱歌跳舞来为她招揽生意。她靠这只能歌善舞的仙鹤招徕顾客,一下子便发了财。后来老道重来此店,见辛寡妇变得有些贪心,便唤下墙上的仙鹤,乘鹤归去。辛寡妇醒悟过来,决心痛改前非,用尽全部积蓄修了一座高楼,为纪念仙道,取名黄鹤楼。

早在公元5世纪的南北

朝,就有许多文人墨客到这里吟诗作赋,讴歌黄鹤楼的壮丽景观。诗词中最出名的当属公元8世纪唐朝诗人崔颢的《黄鹤楼》诗:"昔人已乘黄鹤去,此地空余黄鹤楼。黄鹤一去不复返,白云千载空悠悠。晴川历历汉阳树,芳草萋萋鹦鹉洲。日暮乡关何处是?烟波江上使人愁!"这首诗脍炙人口,妇孺皆知。后来李白也登上黄鹤楼,放眼楚天,胸襟开阔,诗兴大发,正要提笔写诗时,却见崔颢的诗,自愧不如只好说:"眼前有景道不得,崔颢题诗在上头"。崔颢题诗,李白搁笔,从此名气大盛。其实,李白也写了传诵千古的名诗《黄鹤楼送孟浩然之广陵》:"故人西辞黄鹤楼,烟花三月下扬州。孤帆远影碧空尽,唯见长江天际流。"

《黄鹤楼图》再现了宋楼的面貌。图中黄鹤楼建在城台上,台下绿树成荫,远望烟波浩渺。中央主楼两层,平面方形,下层左右伸出,前后出廊屋与配楼相通。全体屋顶错落,翼角嶙峋,气势雄壮。宋之后,黄鹤楼曾屡毁屡建,公元1985年6月,千古名楼重展风采。它以清代黄鹤楼为模型,楼的顶部、机檐都保存历代黄鹤楼的特色,楼呈八角形,楼高51.4米,共5层,60个飞檐翘角,用钢筋混凝土浇筑,飞檐翘角,盖黄琉璃瓦,窗户和梁柱红漆光亮,显得古朴、典雅、浪漫。仿佛是展翅欲飞的鹤翼,既保留了古楼的一些特点,但更多的是根据现代人们审美观的变化进行的设计。

滕王阁

滕王阁,位于江西省南昌市赣江南岸,是一座有着1 300年历史的江南名楼,与湖北黄鹤楼、湖南岳阳楼并称为"江南三大名楼",人称"江南第一名楼"。滕王阁又被列为江南三大名楼之首,因初唐才子王勃作《滕王阁序》让其在三楼中最早天下扬名,是中国古代建筑艺术独特风格和辉煌成就的杰出代表,象征着中国五千年积淀的文化、艺术和传统。滕王阁是南方唯一一座皇家建筑,始建于唐朝永徽四年，据说是当时的洪州都督唐太宗李世民之弟李元婴所建造。因其被封为滕王，故名滕王阁。

滕王阁登临之美，令人神往。从古至今，文人墨客吟诗作画，举不胜举。其中初唐著名诗人王勃的《滕王阁序》，更是以文载阁，蜚声中外。"层台耸翠，上出重霄，飞阁流丹，下临无地""落霞与孤鹜齐飞，秋水共长天一色"，是对滕王阁瑰丽雄伟及江天美景的真实写照。

滕王阁不仅具有人文美，本身的建筑也相当壮观。滕王阁，雄踞南昌抚河北大道，坐落于赣江与抚河故道交汇处，依城临江，瑰伟绝特，步入阁中，仿佛置身于一座以滕王阁为主题的艺术殿堂。顶楼设有"古戏台"，这里有编钟、编磬、埙、筝、筇、瑟，古乐声声，风雅别致。大型磨漆画《牡丹亭》展现了明代大戏剧家汤显祖当年在滕王阁排演《牡丹亭》的情形。滕王阁的展厅陈设的江山、人物壁画长卷，充分显示出"物华天宝，人杰地灵"的壮丽图景。

滕王阁高57.5米，上下共9层，建筑面积达130 000平方米。与并称江南三大名楼的黄鹤楼、岳阳楼相比，滕王阁的高度及规模均为三楼之冠。其下部为象征古城墙的12米高台座，分为两级。台座以上的主阁取"明三暗七"格式，即从外面看是3层带回廊建筑，而内部却有7层，就是3个明层，3个暗层，加屋顶中的设备层。新阁的瓦件全部采用宜兴产的碧色琉璃瓦，因唐宋多用此色。正脊鸱吻为仿宋特制，高达3.5米。勾头、滴水均特制瓦当，勾头为"滕阁秋风"四字，而滴水为"孤鹜"图案。台座之下，有南北相通的两个瓢形人工湖，北湖之上建有九曲风雨桥。楼阁云影，倒映池中，盎然成趣。

循南北两道石级登临一级高台，朝东的墙面上，镶嵌石碑5块。正中为长卷式石碑一幅，此碑由8块汉白玉横拼而成，约10米长，1米高，外围以玛瑙红大理石镶边，宛如一幅装裱精工的巨卷。一

级高台的南北两翼,有碧瓦长廊。长廊北端为四角重檐"挹翠"亭,长廊南端为四角重檐"压江"亭。从正面看,南北两亭与主阁组成一个倚天耸立的"山"字;而从飞机上俯瞰,滕王阁则有如一只平展两翅,意欲凌波西飞的巨大鲲鹏。这种绝妙的立面和平面布局,正体现了设计人员的匠心。

二级高台与石作须弥坐垫托得主阁浑然一体。由高台登阁有三处入口,正东登石级经抱厦入阁,南北两面则由高低廊入阁。正东抱厦前,有青铜铸造的"八怪"宝鼎,鼎座用汉白玉打制,鼎高2.5米左右,下部为三足古鼎,上部是一座攒尖宝顶圆亭式鼎盖。此鼎乃仿北京大钟寺"八怪"鼎而造。此鼎之设,寓有金石永固之意。由东抱厦的正门入阁,门前红柱上悬挂着一幅4.5米长的不锈钢拱联:"落霞与孤鹜齐飞,秋水共长天一色"。此乃毛泽东同志生前手笔。江泽民同志于公元1989年和公元1995年两度登阁时,曾在这里久久驻足观赏,并与导游员一同吟诵王勃《滕王阁序》文。

主阁的色彩,绚烂而华丽。其梁枋彩画采用宋式彩画中的"碾玉装"为主调,辅以"五彩遍装"及"解绿结华装"。室内外斗拱用"解绿结华装",突出大红基调,拱眼壁也按此色调绘制,底色用奶黄色。室内外所有梁枋各明间用"碾玉装",各次间用"五彩遍装",天花板每层图案各异,支条深绿色,大红井口线,十字口栀子花。椽子、望板均为大红色,柱子油朱红色,门窗为红木家具色。室外平坐栏杆油古铜色。

主阁一层檐下有4块横匾,正东为"瑰伟绝特"九龙匾,内容选自韩愈的《新修滕王阁记》;正西为"下临无地"巨匾;南北的高低廊檐下分别为"襟江""带湖"二匾。内容均选自王勃的《滕王阁序》,以上四匾均是生漆为底贴金匾额。

滕王阁算上高台共有9层,高耸入云,第九层被称为"九重天"。每一层都有它的特点,都有一个鲜明的主题,比如人杰、地灵、物华天宝、登高览胜等。

第七章 陵墓：死亡的辉煌

陵墓的艺术

中国古代帝王制度沿袭了数千年，那些曾经的辉煌是现代人探究的一个重要课题。而那些曾经拥有至高无上权威的帝王更是带有神秘色彩，他们离世后依然辉煌吗？这就要从古代帝王的坟墓开始说起。

中国古代帝王的坟墓是中国古代建筑中一个重要而特殊的建筑群体，在考古发掘中一向居于十分关键的地位。由于战争、自然灾害等因素的影响，陆地上的古建筑往往会因此遭到破坏。相反，作为地下建筑的陵墓，因其终年"与世隔绝"而相对完好地保存了下来。

据考证，中国早期的墓葬既无封土和坟丘，也无树木或标志。大约从周代起，在墓上开始出现封土坟头，到战国时代就普遍流行坟丘式的墓葬。在封建社会里都以坟墓大小、高低来显示墓主的等级。帝王之墓必定是最为高大的，其高大之状犹如山陵。"陵"有崇高的意思，所以在战国中期以后，君王

的坟墓开始称为"陵"。

古代帝王的陵墓有很多，可追溯到先前的历朝历代。在中国的历史上，先后出现过五六十个朝代，其中有统一王朝，也有割据政权。这些王朝和政权的统治者死后大都被埋葬进豪华的陵墓，许多统治者甚至从登基就开始为自己修建寿陵。据统计，在中国10多个省、市、自治区内分布有三四百个帝王级的陵墓。

中国自古以来就有土葬的传统。古时候，人们崇信人死之后，在阴间仍然过着类似阳间的生活，对待死者应该"事死如事生"，因而陵墓的地上、地下建筑和随葬生活用品均应仿照世间。由于帝王拜谒陵墓的需要，在陵园内设立了祭享殿堂，称为上宫，陵区内置陪葬墓，安葬诸王、公主、嫔妃，乃至宰相、功臣、大将、命官。陵山前排列石人、石兽、阙楼等。

由于古人离世后的下葬传统，中国也延续了几千年的殉葬制度。中国的殉葬制度，最早始于殷商时期。此后，周、春秋、战国、秦朝皆有殉葬习俗。汉、唐两朝皇陵的重要特点不是以人殉葬而是陪葬制度，即在皇陵附近让皇亲国戚和达官显宦死后陪葬皇陵。从宋代开始，契丹、女真、蒙古、满族等边疆民族，先后入主中原，他们均有人殉的传统，促使中原人殉再度兴起。到明、清两代，又开始实行宫人殉葬。以人殉葬的制度终止于清代康熙年间。

在殉葬制度的影响下，历代帝王的陵墓也在不断地发生着变化。

从新石器时代起，墓葬多为长方形或方形坑墓，有的距地表深达10余米，并有大量奴隶殉葬和车、马等随葬。后来，帝王的陵墓——地下寝宫装饰得越来越华丽，随葬各种奇珍异宝，其建筑规模对后世陵墓影响很大。其中，唐代是中国陵墓建筑史上的一个高潮，有的陵墓因山而筑，气势雄伟。

到了明代，又开创了中国陵墓建筑史上的另一高潮。明代除了太祖孝陵在江苏省南京外，其余各帝陵在北京昌平县天寿山，总称明十三陵。各陵都背山而建，在整个陵区前都设置总神道，建石像生、碑亭、大红门、石牌坊等，造成肃穆庄严的气氛。其中定陵已经被考古发掘，地下寝宫分前殿、中殿、后殿和左右二配殿，全部用石材构筑。

清代陵墓，前期的永陵在辽宁新宾，福陵、昭陵在沈阳，其余陵墓建于河北遵化和易县，分别称为清东陵和清西陵，建筑的雕饰风格更为华丽。

中国的帝王陵墓在其发展过程中出现了3种主要形式：

第一种叫"方上"。这是早期的一种陵墓封上形式，具体方法是挖坑筑石为墓，用黄土层层夯筑呈覆斗形而为坟。这时的陵墓之所以呈方形，与秦汉时以方形为贵有关，认为帝王是大地的主宰，按天圆地方之说，所以取方形。陕西临潼的秦始皇陵和西安西郊的西汉陵都属于"方上"，据说秦始皇陵是秦始皇亲自参加设计的，含有永远独霸四方之意。河南巩县（今巩义市）的宋陵，其陵台亦为方形覆斗状的土台。

第二种是以山为陵。它是利用地形，以山峰作为陵墓。以山为陵，可以少花人力并可利用山岳雄伟的形势来体现帝王至高无上的权威和宏大的气魄，同时还能防止盗挖。唐代帝陵一开始就采用了这一形式，安葬李世民的昭陵就是以位于陕西礼泉县的九峻山为坟，在山腰开凿石洞为玄宫，从挺道至墓室深230米，前后安置五道石门，非常坚固。

第三种是宝城宝顶。帝王陵墓在秦、汉时期盛行"方上"封土，唐时"以山为陵"，北宋又恢复了秦汉旧制。元时不建陵寝。明、清时对陵寝制度又做了一次重大的改革。首先陵墓的形制由秦、汉、两宋时期的方形改为圆形；其次取消了秦、汉、两宋陵园中供奉帝王灵魂日常起居生活的下宫建筑，保留和扩建了供谒拜和祭祀的上宫建筑，从而更加突出了一年三举的上陵之礼；再次陵园的围墙由唐宋时期的方形改为长方形,陵园由南向北分为3个院落:第一个院落由碑亭、神厨、神库等组成;第二个院落是祭殿和配殿;第三个院落是埋葬先皇的地方,设有牌坊、五供座、方城明楼和宝城宝顶。

中国陵墓是建筑、雕刻、绘画、自然环境融于一体的综合性艺术,其布局可概括为3种形式:

一是以陵山为主体的布局方式。以秦始皇陵为代表,其周围建城垣,背衬骊山,轮廓简洁,气象巍峨,创造出纪念性气氛。

二是以神道贯串全局的轴线布局方式。这种布局重点强调正面神道,如唐代高宗乾陵以山峰为陵山主体,前面布置阙门、石像生、碑刻、华表等组成神道,衬托陵墓建筑的宏伟气魄。

三是建筑群组的布局方式。明、清的陵墓都是选择群山环绕的封闭性环境作为陵区,将各帝陵协调地布置在一处。在神道上增设牌坊、大红门、碑亭等,建筑与环境密切结合在一起,创造出庄严肃穆的环境。

经过了几千年的发展和演变,中国古代陵墓建筑无论在建筑艺术上、文物价值上,还是考古研究上,都有着极其重要的历史价值。随着考古技术的成熟和现代科学技术在考古过程发挥的巨大作用,对陵墓进一步地发掘和研究不断深入,人们将有更多机会一睹中国古代陵墓的非凡艺术。

神秘的王国

秦始皇陵位于陕西省西安市临潼区骊山脚下,为中国历史上第一位皇帝——秦始皇嬴政的陵墓,是世界第八大奇迹之一。秦始皇陵南依层层叠嶂、山林葱郁的骊山,北临逶迤曲转、似银蛇横卧的渭水之滨。高大的封冢在巍巍峰峦环抱之中与骊山浑然一体,景色优美，环境独秀。墓葬区在南，寝殿和便殿建筑群在北。

据史书记载，秦始皇嬴政从13岁即位时就开始营建陵园，由丞相李斯主持规划设计，大将章邯监工，修筑时间长达38年，工程之浩大，气魄之宏伟，创历代封建统治者奢侈厚葬的先例。

秦始皇，这位第一个统一中国的皇帝，就葬于陵墓的中心。现代考古证明，秦始皇陵的地宫完整地保存在封土堆下，几千年来未被盗掘。

完整的秦始皇陵像是一座神秘的地下王国，经历了几千年的历史变迁，依然完整如初。整个陵园的布局中心突出，层次分明。陵园坐西面东，正门在东边。陵墓的封土和内外城垣的东、西两门相对，由此构成一条东、西轴线。秦始皇陵的占地面积达56.2平方公里。整个陵区以墓冢为中心。秦始皇陵有内外两重呈南北狭长的回字形城垣。内城城墙东西宽580米，南北长1 350米，周长3 870米。外城城墙东西宽940米，南北长2 165米，周长6 200米。内外城郭有高约8—10米的城墙，内城里面修建了堂皇的地下宫殿，顶上有用明珠做的日月星辰，地下布置了用水银做的江河湖海。在城墙的四角，分别建有用于警戒和防卫的角楼。在内、外城墙的东、南、西、北四面，各建城门一座。门上均建有阙楼。秦始皇陵的墓冢，就处于陵园的南部。

在上述各区及外城四周的建筑布局如下：

一是内城南区。陵墓位于南区的中心。陵墓封土的北侧是大型寝殿建筑以及车马坑、府藏坑；封土西侧有铜车马坑及两座大型府藏坑；封土南侧有3座陪葬坑；封土东侧有3座陪葬坑。

二是内城北区。北区的西半部是便殿建筑群；东半部是陪葬墓区。

三是内外城垣之间的4个分区。西区：由南向北依次是大型马厩坑、珍禽异兽坑、陪葬墓区、园寺吏舍附属建筑群。东区：百戏俑坑、石铠甲坑及一组内涵不明的陪葬区。南区和北区目前未发现大型陪葬坑及建筑遗址。

四是外城的四周。外城的东侧有1、2、3号兵马俑坑，98座小型马厩坑，17座陪葬墓。外城的西侧有修陵人员墓地、打石场遗址、砖瓦窑址。外城的北侧有建筑遗址一处、府藏坑一座。外城的南侧目前未发现遗迹、遗物。

公元1974年1月29日，在秦始皇陵坟丘东侧1.5公里处，当地农民打井时，无意中挖出了一个陶制武士头。后经国家有关组织的挖掘和确认，终于发现了令全世界都为之震惊的秦始皇陵兵马俑。

兵马俑坑是秦始皇陵园内的一组陪葬坑。它位于陕西省西安市临潼区东侧7.5公里处的骊山北麓，西距秦始皇陵1.5公里。这里是山前的一个洪积区。俑坑的东、西两端和中部各有一条古河道经过，河道内及俑坑的上部堆积着厚厚的砂石，当地群众称之为石滩洋。俑坑发现前，这里的地面上长着一片柿子林，并成为周围村民的一片墓地，十分荒凉，经常有狼出没。

集中在秦始皇陵东的兵马俑，同真人一般高大，最低1.71米，最高达2米，多数在1.75米以上，其数量多达7 000左右。军俑按

身份可分为军吏俑和士卒俑两类。前者包括将、佐、吏三等，后者则以兵种和分工区别为步卒、射兵、车士、骑士及驭手等。

在秦始皇陵园的东西两侧，还有许许多多的附属性建筑。西侧有车马坑、珍禽坑、供祭祀用的饮食制作坊等。东侧有王室成员和大臣们的陪葬墓群、兵马俑从葬坑、东阙门等。

陵墓的北侧设有寝殿、便殿等大型宫殿建筑，殿内有起居衣冠像生之备，以像平生的正寝及休息闲宴之处的便殿、便室。秦始皇生前出行时有车马仪仗，死后则以铜车马来陪葬。秦始皇生前有上林苑等大型苑囿供其欣赏游猎，死后则以大批珍禽异兽坑来陪葬。秦宫廷内有角抵、徘优等百戏娱乐活动，陵园内设置百戏俑坑，有扛鼎、缘（缘橦，即缘竿、爬竿）、旋盘等各种各样的杂技俑群。秦京城内外设有许多厩苑，养着大批良马供其御用，陵园内外则有大型马厩坑及众多的小型马厩坑来陪葬。秦都咸阳有各种各样的仓储，囤积着丰厚的物资，陵园内则有各式各样的藏坑。

秦始皇陵墓经过了30多年的修建，终于创造出了一个旷古未有的奇迹，它跨越了战国秦到统一秦这两个风雨激变的时代。其本身又经过了4个阶段，即：

初创期，从嬴政初即秦王位到统一战争全面展开的前夕，即公元前246年左右—前231年；

持续期，十年统一战争中，即公元前230—前221年；

高峰期，从秦帝国建立到秦始皇死葬骊山，即公元前221—前209年；

结尾期，秦二世统治时复土后到工程被迫停止，即公元前209年—前208年冬。

从以上时间进程可以看出，第一阶段延时最长，前后达十四五年；第四阶段时间最短，前后不及两年。再从工程量上看，以第三阶段为最大，波澜壮阔，气势磅礴，是秦帝国政治势力、经济实力和组织管理才能高度发挥的集中表现。

秦始皇陵规模宏大,气势雄伟,其设计思想概括起来有如下3个方面:

第一,"事死如事生"的理念。我国从原始社会起就产生了一种宗教性的观念,认为人死后灵魂不灭。死是生活方式的转化,由阳世转到阴世间生活。因此人生前所需和所拥有的一切,死后也要有。

第二,国君的陵园若都邑。"邑"作为城市讲,则有"大者曰都,小者曰邑"的区别。作为行政性地域论,则是都、鄙之外的地方。在阶级社会里陵墓的大小、高低及其布局,是权力、地位的标志。结构复杂的秦始皇陵是仿照其生前的都城——咸阳的格局而设计建造的。

第三,至高无上的皇权观念。秦始皇统一全国后,自以为功德无量,为千古至尊。这种思想反映在陵园建设的规模和内涵上,追求前无古人、后无来者的效果。

秦始皇陵的建筑布局和一切设施,都是根据上述设计思想安排的。整个陵园像一幅都邑图。那高大的陵墓封土及封土下的地下宫殿,象征着秦始皇生前的咸阳宫;陵墓周围的内外两重城垣,象征着都邑的宫城及外郭城;陵墓的地宫内"上具天文,下具地理""宫观百官,奇器珍怪,徙臧满之"。整个陵园是秦始皇"普天之下莫非王土,率土之滨莫非王臣"思想的体现。

秦始皇生前住的咸阳城是驻有许多军队保卫的,陵园内的8 000多陶俑和陶马,组成了一个庞大的地下军团,来保卫其在冥间世界的安全和维护一统的江山。毫无疑问,这里是一座令人叹为观止,充满神秘色彩的地下王国。

中国的金字塔

茂陵——西汉武帝刘彻的陵墓,位于西安市西北40公里的兴平市（原兴平县）城东北南位乡茂陵村。西汉时，茂陵地属槐里县之茂乡，武帝在此建陵，故称茂陵。茂陵是汉代帝王陵墓中规模最大、修造时间最长、陪葬品最丰富的一座，被称为"中国的金字塔"。

汉武帝即位的第二年（公元前139年）起开始修建茂陵，至公元前87年竣工，前后长达53年之久。到武帝驾崩入葬之时，原来栽植的树木都已参天合抱。建陵时曾从各地征调建筑工匠、艺术大师3 000余人，工程规模之浩大，是"汉兴厚葬"的最典型代表。至今，茂陵东、西、北三面的土阙犹存，陵周围的陪葬墓有卫青、霍去病、霍光、金日䃅等人的墓葬。

汉武帝陵园整体坐西向东，呈方形，分为内外两城，四周环以围墙。围墙距封土的距离为80余米，墙体东西长431米，南北宽415米，墙基宽5.8米，四面的正中开辟有门。封冢为覆斗形（方锥台状），由黄土层夯积筑而成，高46.5米，东西长231米，南北长234米。顶面积为1 400平方米，底为54 000平方米。周匝有护垣，占地面积178 755平方米。垣墙基部厚5.8米，四面有阙门，

四隅有角楼，残存高3米多。陵体外观庄伟敦厚，气势穆然。

汉武帝的帝陵位于茂陵陵园中心位置。帝陵封土的外形为截锥体（即"覆斗状"），现存高度48.5米，底部边长240米左右，顶部边长40米左右。在其封土四面正中位置各有一条墓道，平面均为梯形，其中东墓道封土外部分长21米，深达12米。

陵邑则位于陵园东北方。司马道两侧有50多座陪葬墓。陵园内分布着包括陵庙、寝殿等在内的大小建筑遗址14处，面积达320 000平方米。在陵园内外发现的埋藏有各类陪葬品的外藏坑多达400座，比秦始皇陵发现的还多。

根据史书记载，茂陵的殉葬品、陪葬珍宝在汉帝陵中是最多的。陵内"金银财物，乌兽鱼鳖，牛马虎豹生禽，几百九十物，尽座藏之"，并将唐渠国王所赠的玉箱、玉杖以及武帝生前阅读的杂经30卷，盛入金箱，一并入墓随葬。到武帝入葬时，墓中的随葬品早已塞满了墓室的空间，已经容不下更多的随葬品了。由于陪葬物品多，许多物品放不进墓，只好放入陵园内。西汉末年赤眉军攻进关中，曾打开茂陵的羡门，成千上万的农民起义军搬取陵墓内的随葬品，竟然"陵中物不能减半"。

茂陵周边出土文物众多，有四件堪称国宝级文物：

一是鎏金马：高62厘米，长76厘米，通体铜铸鎏金，昂首，翘尾，四腿直立，体态矫健。头部造型甚为生动，粉鼻亮眼，两耳竖立，现收藏在茂陵博物馆。据史书记载，其为"金马"，系以西汉时大宛国的汗血马为原型而精制的工艺品。

二是鎏金银高擎竹节熏炉：这件国宝文物与"鎏金马"同时被发现。高58厘米，底径13.3厘米，口径9厘米，盖高6厘米。炉盖口外侧刻铭文一周三十五字："内者未央尚卧，金黄涂竹节熏炉一具，并重十斤十二两，四年内宫造，五年十月输，第初三"。底座圈足外侧刻铭文一周三十三字："内者未央尚卧，黄金涂竹节熏炉一具，并重十一斤，四年寺工造，五年十月输，第初四"。

三是错金银铜犀尊：重13.3公斤，高34.1厘米，长58.1厘米，宽20.4厘米。这是一件极为精美的工艺品。公元1963年，兴平县西吴乡豆马村村民赵振秀，在村北土壤内发现。这件国宝文物现收藏在中国历史博物馆。

四是四神纹玉雕铺首：此件国宝文物系于公元1975年在茂陵东侧发现，是一件极为精致的蓝田玉工艺品，现收藏在茂陵博物馆。

除此之外，茂陵周围林立的群雕也是一笔珍贵的文化遗产。其中的巨型石刻群，手法简练，气势浑厚，达到形神兼备的艺术化境界，是中国最早、最大、最完整的大型石刻群。这里的群雕兽像、人兽相搏，从艺术造型的角度来看，堪称空前启后的"国之瑰宝"。

透过这几件曾尘封于茂陵中的瑰宝，人们仿佛穿越了时空距离，经历了汉代的荣辱兴衰，看到了陵墓主人昔日的风范，领略到了这座"中国金字塔"初建时的辉煌。

最大的皇家陵园

唐太宗李世民算是一位家喻户晓的皇帝，关于他的许多故事都被人们所熟知。而这位皇帝的陵墓就位于咸阳城西北40公里处礼泉县烟霞乡九山上——昭陵。

昭陵依九嵕山峰，凿山建陵，开创了唐代封建帝王依山为陵的先例。其占地面积20 000公顷，周长60公里，其中有陪葬墓180余座，主要包含长孙无忌、程咬金、魏征、温彦博、段志玄、高士廉、房玄龄、孔颖达、李靖、尉迟敬德、长乐公主、韦贵妃等墓，还有少数民族将领阿史那社尔等15人之墓，是中国帝王陵园中面积最大、陪葬墓最多的一座，也是唐代具有代表性的一座帝王陵墓，被誉为"天下名陵""世界最大的皇家陵园"。

　　昭陵于贞观十年（公元636年）开始营建，由唐代著名画家、工艺家阎立德、阎立本兄弟设计，工程浩繁，建筑辉煌，至贞观二十三年李世民安葬于此，共营建了13年。其平面布局是仿照唐长安城的建制设计的，由宫城、皇城和外廓城组成。宫城居全城的北部中央，是皇帝起居的地方。皇城在宫城之南，为百官衙署（即政治机构）。外廓城从东南北三方拱卫着皇城和宫城，为居民区。

　　昭陵的陵寝居于陵园的最北部，相当于长安的宫城。据史书记载，昭陵玄宫建筑在山腰南麓，穿凿而成。初建时架设栈道，栈道长400米，文德皇后先葬于玄宫，而栈道并未拆除，就在栈道旁之上建造房舍，供宫人居住，如对待活人一样对待皇后。等唐太宗下葬完毕后，栈道才被拆除，使陵与外界隔绝。

　　玄宫深75丈，石门五道，中间为正寝，是停放棺椁的地方，东西两厢排列着石床。床上放着许多石函，里面装着殉葬品。墓室到墓口的通道上，用3 000块大石砌成，每块石头有两吨重，石与石之间相互铆住。

在主峰地宫山的南面，是内城正门"朱雀门"。朱雀门之内有献殿，是朝拜祭献用的地方，与门阙距离很近。整个遗址约10米见方，加门阙南面约20米见方的场地。门阙之间约5米，恰在献殿正中。献殿南面20米的场地外，是一条约横向的深沟。

在主峰地宫山的北面，是内城的北门玄武门，设置有祭坛，紧依九嵕山北麓，南高北低，以5层台阶组成，越往北伸张越宽，平面略呈梯形。在南三台地上有寝殿、东西庑房、阙楼及门庭，中间龙尾道通寝殿，是昭陵特有的建筑群。

在司马门内列置了十四国君长的石刻像：突厥的颉利、突利二可汗，阿史那社尔、李思摩、吐蕃松赞干布，高昌、焉耆、于阗诸王，薛延陀、吐谷浑的首领，新罗王金德真，林邑王范头黎，婆罗门帝那优帝阿那顺等。这些石像刻立于高宗初年，在早年已遭破坏，今可见者有7个题名像座，几躯残体和几件残头像块仍能反映出贞观时期国内各民族大团结、唐对西域的开拓以及与邻邦关系的盛况。

昭陵的寝宫，是供奉墓主饮食起居的地方，起初建筑在陵墓旁边的山上，后因供水困难，移到山下，称"陵下宫"。在山陵的西南脚下，与南面的朱雀门大致在一条线上，后因山火焚毁，就移于封内的西南方的瑶台寺，距陵18里。

在祭坛东西两庑房内置有6匹石刻骏马浮雕像，驰名中外，曾有诗云："秦王铁骑取天下，六骏功高画亦优"。

昭陵六骏刻于贞观十年，分别是"特勒骠""青骓""什伐赤""飒露紫""拳毛䯄""白蹄乌"，各高2.5米，横宽3米，皆为青石浮雕，姿态神情各异，线条简洁有力，威武雄壮，造型栩栩如生，显示了中国唐代雕刻艺术的成就。据记载，这六具石雕骏马是在平面上起图样，雕刻人马形状的半面及细部，并使高肉突起，称之浮雕，也叫"高肉雕"。每边三具，皆背靠后檐墙而立。李世民在隋亡以后，为统一割据的局面，巩固唐王朝新建的政权，南征北战，驰骋疆场。

他骑过的6匹马，见证了他的战功。如今，除"飒露紫""拳毛䯄"外，其余4匹石刻骏马浮雕像存于西安市博物馆。

墓群主要分布在九嵕山陵寝东、西、南三面，呈扇形排开。陪葬墓中，有功臣贵戚等陪葬墓167座，形成了一个庞大的陵园。其中已知墓主姓名的有57座，以魏征墓、徐懋功墓最为知名。陪葬墓的石刻也极为精美，温颜博墓前的石人，魏征墓碑首的蟠桃花饰、尉迟敬德墓志、十二生肖图案和石椁的仕女线刻图等，皆为当时艺术之精品。从墓内曾发掘出大量精致的工艺品，例如李勣墓中出土的"三梁进德冠"，花饰俊美。据说唐太宗亲自设计了三顶，赐予最有功之臣，李勣得了一顶。

现今，昭陵地面建筑虽被毁坏了，但陵园遍布着丰富的古迹和文物，还有大量的古代美术工艺品及其他文物，有待去挖掘发现。昭陵博物馆里展示了许多墓碑和墓志，保存了大量有关唐代的政治、经济等各方面的史料，为人们展示了初唐书法艺术的高度水平。

皇陵之冠

乾县境内，极目西北方向，就会看见苍茫烟云衬托着3座挺拔峻峭的山峰，呈北高南低之势，耸立于茫茫苍穹之下，远望如同一位新浴之后的少妇披着长发，头北足南，仰面躺在蓝天白云之下。这就是有"睡美人"之称的中国历史上唯一的女皇帝武则天与其夫唐高宗李治的合葬地——乾陵。

乾陵，是中国乃至世界上独一无二的一座两朝帝王、一对夫妻皇帝合葬陵，也是唐代帝王"因山为陵"葬制的典范。其居陕西咸阳市乾县城北6公里的梁山上，是陕西关中地区"唐十八陵"之一。

梁山主峰海拔1 047.9米，山石崔嵬，地势险峻，为东西交通之咽喉，是古代兵家的必争之地。登上梁山峰巅，东望九嵕山（唐太宗昭陵所在地），山势突兀，孤耸回绝；南望太白山、终南山，积雪皑皑；北望五峰山，遥相辉映；西接翠屏山，层峦叠嶂。脚下梁山，三峰特起，主峰苍润高峻，泔河环其东，漠水绕其西，整个山麓林木葱茏，古柏参天，环境雅致肃穆。据堪舆家（风水先生）认为，梁山大有利于女主。所以，武则天便把梁山选为其夫唐高宗和自己百年后的"万年寿域"。

唐初，唐太宗李世民汲取从古至今"没有不亡之国，亦无不掘之墓"的历史教训，从他与长孙皇后的昭陵起，开创了"因山为陵"的葬制。此后，唐高宗与武则天的乾陵，发展、完善了昭陵的形制，开始下令修建乾陵。

乾陵修建于公元684年，经过23年的兴建，工程才基本完工。营建时，正值盛唐，国力充盈，陵园规模宏大，建筑雄伟富丽，堪称"历代诸皇陵之冠"。陵园仿唐都长安城的格局营建，分为皇城、宫城和外郭城，其南北主轴线长达4.9公里。文献记载，乾陵陵园"周八十里"，原有城垣两重，内城置四门，东曰青龙门，南曰朱雀门，西曰白虎门，北曰玄武门。经考古工作者勘查得知，陵园内城约为正方形，其南北墙各长1450米，东墙长1582米，西墙长1438米，

总面积约 2 300 000 平方米。城内有献殿、偏房、回廊、阙楼、狄仁杰等 60 位朝臣像祠堂、下宫等辉煌建筑群多处。"安史之乱"后，乾陵地面建筑遭到严重破坏。

此后，历经 1 300 多年的风雨沧桑，乾陵地面的宏丽建筑已荡然无存，唯陵园内城朱雀门外司马道两侧沿主轴线列置的 120 多件精美绝伦的大型石刻群，成为盛唐社会蓬勃发展的真实写照，让人感受到它所体现的盛唐时代精神。

从梁山南二峰的天然双阙起，120 多件石刻往北依次对称排列。端立首位的是一对高达 8 米有余的八棱柱石华表，这是帝王陵墓的标志，其造型昭示着生命长存的理念和古代先民对人类生殖行为的崇拜。接着是一对昂首挺胸、浑圆壮观的石刻翼马，马身两翼雕以卷云纹，似有腾飞之势。翼马之北是一对优美的高浮雕鸵鸟，它是唐王朝同西域人民文化交流与友好往来的象征。紧接旁边是五对配有驭手的石仗马和十对高 4 米左右的石翁仲（或称直阁将军）。

传说翁仲姓阮，是秦朝镇守临洮的大将，威震夷狄。秦始皇树翁仲像于咸阳宫司马门外，后世的帝王以翁仲石像守卫陵园。翁仲之北是两通石碑，西边的一通是唐高宗的金字"述圣纪"碑，它是女皇武则天为高宗歌功颂德而立的纪念碑，碑高 6.30 米，宽 1.86 米。碑文约 5600 余字，武则天亲自撰文，中宗李显书丹，笔画初刻填以金屑，现今个别字的金迹尚在。

东侧一通是武则天的无字碑，通高 7.53 米，宽 2.1 米，厚 1.49 米，重约 98.8 吨。碑身雕有 8 条互相缠绕的螭龙，左右两侧各 4 条。碑身用一块完整的巨石雕成，两侧各线刻高 4.12 米的"升龙图"。碑座阳面线刻"狮马图"，长 2.14 米，宽 0.66 米。整个无字碑高大雄浑，雕刻精美，为中国历代群碑中的巨制。其中，无字碑阳面正中的"大金皇弟都统经略朗君行记"题刻是用被称为"二十世纪之谜"的罕见的契丹文字镌刻的，史料价值弥足珍贵。

在两通石碑的北边，竖立着 61 尊蕃臣石像。东群 29 尊，西群 32 尊。这些石人是当时唐王朝属下的少数民族官员和邻国王子、使节。武则天为宣扬高宗及武周朝的威势，将他们的雕像立于陵前。

在石人像的背部刻有国别、官职和姓名，今字迹可辨认者有"木俱罕国王斯陀勒""盛于阗王尉迟璥""吐火罗王子持羯达犍""默啜使移力贪汗达干""播仙城主何伏帝延"等 7 尊。陵园内城的四门之外，还蹲踞着 4 对 8 尊高大雄伟的石狮，以朱雀门外的最为雄伟。这对石狮昂首挺胸，巨头披鬃，瞋目阔口，两足前伸，身躯后蹲，凛然挺拔如泰山。置石狮于陵前，增加了陵园的神圣和威严气势。

盛唐文化的独异风采令世界瞩目，被誉为"历代诸皇陵之冠"的乾陵，更是一个满藏无价瑰宝的地宫。

明代建筑的实物历史——十三陵

十三陵，顾名思义，这里不止埋葬着一位皇帝。"十三陵"是明代十三位皇帝陵寝的总称。明朝先后有 16 位皇帝，其中 13 位皇帝葬于十三陵。按陵墓建造的先后顺序，其陵墓名称依次为：长陵、献陵、景陵、裕陵、茂陵、泰陵、康陵、永陵、昭陵、定陵、庆陵、德陵、思陵。陵区内还建有妃子墓 7 座、太监墓 1 座和行宫、园囿等附属建筑，全部陵区面积达 4 000 公顷，是世界上保存完整、埋葬皇帝最多的墓葬群。其建筑雄伟，体系完整，历史悠久，具有极高的历史和文物价值。

十三陵位于北京市西北约 44 公里处昌平区天寿山南麓，陵区面积达 40 多平方公里。这里的自然环境具有青山环抱、明堂开阔、水流屈曲横过的特点，而各陵所在位置又都背山面水，处于左右护山的环抱之中，在融于自然的同时又彰显出皇帝陵寝肃穆庄严和恢宏的气势。

自永乐七年（公元1409年）修建"长陵"开始，到清顺治初年完成"思陵"结束，十三陵的兴建时间长达200余年。在整个陵区中一共埋葬着13位皇帝、23位皇后、1位贵妃和数10名殉葬宫人。

中国古代帝王陵寝区域的设置，早在战国中期就已出现。到了唐宋时期，出现了相对集中又各自独立的皇家陵园群落。而明十三陵的特点在于它第一次体现了中国皇家陵寝建筑群的整体性。每一位皇帝的陵墓虽有各自的享殿、明楼、宝城，但陵区之内，长陵神道成为一条贯穿各陵的"总神道"。各陵墓共用的石牌坊、石刻群，加上各陵尊卑有序的布葬方式，使陵区的建筑紧密相连，形成了一个整体。

13座皇帝的陵寝建筑比拟皇宫，显示了帝王的尊崇地位和君临天下的浩大气势。在各陵中，仅定陵于公元1956年进行过考古发掘，其他陵寝墓室建筑均保存完整。各陵除面积大小、建筑繁简有异外，其建筑布局、规制等基本一样。平面均呈长方形，后面有圆形（或椭圆形）的宝城，如每座陵前都立有石碑，陵寝都筑陵垣。中轴线上依次为无字碑、金水桥、陵门、祾恩门、祾恩殿（享殿）、棂星门、石五供、明楼、宝城。中填黄土，上呈宝顶，下为帝后寝宫。每陵各有监（管陵太监用房）、园（种植瓜果，以供祭祀）、卫（卫护陵园）等。因此，十三陵共有十三监、十三园、八卫。

神路从石牌坊开始，依次出现下马碑、大红门、大碑楼、石像

生、棂星门、五孔和七孔两座石桥，总长7.3千米。石牌坊名曰"圣德牌坊"，建于嘉靖十九年（公元1540年），以仿木构形制，构架为5间、6柱、11楼，通阔28.86米，高11.88米，各部位结构匀称协调，6座夹柱石上，四面雕着8对狮子滚绣球，另有16条龙姿态各异，活灵活现，栩栩如生。此牌坊是明、清以来石坊建筑中的精品，也是中国现存石牌坊中最大的一座。

大宫门系十三陵的总门户，坐北朝南，单檐庑殿顶，全部为砖石结构，红壁黄瓦，下辟3个券门，门前左右矗立着明代的"下马碑"。大碑楼在进入大宫门不远处，重楼歇山顶，平面正方形，台基边宽23.1米，楼高25.14米，四面各辟券门。楼内正中立有"长陵神功圣德碑"。碑为白石雕成，通高7.91米。下为龟趺座，额为双龙戏珠。四面刻有御制碑文。

华表有4座，分别立于碑楼四隅，由汉白玉雕成，上面刻有传说中的神兽"望天犼"，两个向北，两个向南，名字分别称"望君出""望君归"。

石像生在碑楼之北两侧，由南向北依次为雄狮、獬豸、骆驼、象、麒麟、马，前坐后立，再后是武臣、文臣、勋臣各4尊，共计18对。在800米距离内，其雕像数目之多，形态之大，雕技之高，在我国帝陵中堪称首屈一指。碑楼和石像生均建于宣德十年（公元1435年），至今已有550余年。棂星门在石像生的尽头，形制为3门6柱。3门之间有短垣衔接。6根石柱形似华表，顶端为龙形异兽。额枋中间有石雕火珠，故又称"火焰牌坊"。棂星门象征着天门。穿过棂星门，再向北越过五孔和七孔桥，即可到达神路的尽头——长陵。

明十三陵的布局经营，在满足礼制功用的同时，与山川、水流等自然环境因素密切结合，达到了极高的艺术境界，并对清东陵、清西陵的建制产生了深远的影响。著名古建筑专家罗哲文曾评价称：

"明十三陵建筑价值极高，长陵的楠木殿其规模是全国唯一的，石雕精湛，明十三陵无论是从建筑形式，还是建筑结构，或建筑艺术上看，是明代建筑的实物历史"。

地下佛堂属东陵

清朝是中国历史上最后一个封建王朝，清朝的帝王陵墓群被称为清东陵，是清朝入关后的第一座皇家陵园，也是清王朝三大陵园中最大的一座。清东陵共建有皇陵5座：顺治帝的孝陵、康熙帝的景陵、乾隆帝的裕陵、咸丰帝的定陵、同治帝的惠陵，以及东（慈安）、西（慈禧）太后等后陵4座、妃园5座、公主陵一座，共计埋葬14位皇后和136位妃嫔。

清东陵坐落于河北省遵化市马兰峪以西的昌瑞山一带，西以天津蓟县为邻，北与承德兴隆接壤。四周群山环绕，中间坦荡开阔。山高而不穷，峰青岭翠；水阔而不恶，波碧流缓。陵区以昌瑞山主峰下的孝陵为中轴线，依山势呈扇形东西排列，主次分明，尊卑有序。各陵按规制营建了一系列建筑，总体布局为"前朝后寝"。"百尺为形，千尺为势"的审美思想贯于每一座陵寝建筑中，使各单体建筑在空间组合上达到了近乎完美的空间组合。远望时，殿宇、城垣、门坊、道路、桥涵、金黄碧绿、丹红雪白，气势恢宏壮丽而深沉。由远及近，步移景易，变化丰富，秩序严谨，相得相济，引人入胜，是中国古代陵寝建筑的典范之作，其建筑艺术达到了中国古代建筑的顶峰。

清东陵的建筑恢宏、壮观、精美，拥有580多座单体建筑组成的庞大古建筑群，其中包含了大量的优秀建筑精品。这些精品不仅代表了当时最高建筑水准，而且反映了当时的最高艺术成就。

孝陵神路，南起金星山下的石牌坊，北到昌瑞山下的宝城、室

顶,沿朝山、案山、靠山的三山连线,将孝陵的数十座形制各异、多彩多姿的建筑相贯串,形成一条气势宏伟、序列层次丰富、极为壮观的陵区建筑中轴线。它虽然因势随形,多有曲折,但曲不离直,明确显现了南北山向的一贯,配合了山川形势,强化了主宾朝揖的天然秩序,产生了极富感染力的空间艺术效果。

孝陵神路是中国保存最完整的长6000多米的孝陵主神路,随山势起伏极富艺术感染力,乾隆裕陵地宫精美的佛教石雕令人叹为观止,班禅大师赞誉为"不可多得的石雕艺术宝库"。

孝陵石牌坊,是中国现存面阔最宽的石牌坊,5间、6柱、11楼的仿木结构巧夺天工。石牌坊面阔31.35米,高12.48米,全部用巨大的青白石构筑而成。夹杆石的顶部圆雕麒麟、狮子,看面分别为浮雕云龙、草龙、双狮戏球等图案。梁枋上雕刻旋子彩画。折柱、花板上浮雕祥云。斗拱、椽飞、瓦垅、吻兽、云墩、雀替均为石料雕制,做工细巧,刻技精湛,历经数百年毫无走闪之迹。

孝陵石像生,共18对,其中文臣3对、武将3对、站卧马各1对、站坐麒麟各1对、站卧象各1对、站卧骆驼各1对、站坐狻猊各1对、站坐狮子各1对。另有望柱1对。所有石雕像均以整块石料雕成。不刻意追求形似，而注重神似，其风格粗犷、雄浑、朴拙、威武，气度非凡。这组石雕对称地排列在神道两侧，南北长800多米，构成威武雄壮的长长队列，使皇陵显得更加圣洁、庄严、肃穆。孝陵石像生是清代陵寝中规模最大、最具特色的一组。

孝陵七孔拱桥，是石桥等级中最高的一种。七孔拱桥在清东陵只孝陵有一座。桥长110米，两侧安设石栏板126块，石望柱128根，抱鼓石4块。远观似长虹卧波，雄伟壮观。

裕陵圣德神功碑亭，重檐歇山式建筑，黄琉璃瓦覆顶，厚重的墩台四面各辟券门。亭内高6.64米的两统石碑分别竖立在两只巨大的石雕龙跃之上，东碑刻满文，西碑刻汉字。碑文由仁宗嘉庆皇帝撰写，文字由清代著名书法家、高宗乾隆帝第十一子成亲王永瑆亲书。此碑至今保存完整无损，字迹清晰。亭外广场四角各竖一根白色大理石雕刻的华表。每根华表由须弥座、柱身、云板、承露盘和蹲龙组成。柱身上雕刻着一条腾云驾雾的蛟龙，屈曲盘旋，奋力升腾，寓动于静，栩栩如生。八角须弥底座和栏杆上亦雕满了精美的行龙、升龙和正龙，一组华表上所雕的龙竟达98条之多。

裕陵，是乾隆皇帝的陵寝，其地宫由九券四门构成，进深54米。从第一道石门开始，所有的平水墙、月光墙、券顶和门楼上都布满了佛教题材的雕刻，如四大天王、八大菩萨、五方佛、二十四佛、五欲供、狮子、八宝、法器及30 000多字的藏文、梵文经咒。刀法娴熟精湛，线条流畅细腻，造像生动传神，布局严谨有序，其规模最大、最为堂皇，被誉为"石雕艺术宝库"和"庄严肃穆的地下佛堂"。

菩陀峪定东陵，是慈禧皇太后的陵寝。其隆恩殿及东西配殿用料考究、做工精细、装修豪华。木构架全部采用名贵的黄花梨木。梁枋彩画不做地仗，不敷颜料，而在木件上直接沥粉贴金，其图案为等级最高的金龙和玺彩画。殿内墙上雕有寓意"万福万寿、福寿绵长"的砖雕图案，并全部筛扫红黄金。3个殿的64根露明柱子上全部盘绕半立体的镀金铜龙。封护墙干摆到顶，拔檐砖上雕有"万福流云"图案。

　　大殿周围的石栏杆，无论栏板、望柱还是抱鼓石上，全部浮雕各式龙凤呈祥、海水江崖图案。殿前丹陛石以高浮雕加透雕的技法，把丹凤凌空、蛟龙出水的神态刻画得惟妙惟肖，是一件难得的石雕艺术杰作。贴金的彩画、扫金的墙壁、镀金的盘龙、精雕细刻的石栏杆，把3个殿装饰得金碧辉煌，精美绝伦。

　　裕陵玉带桥，架设在隆恩殿后、陵寝门前的玉带河上。单孔拱券，三桥并排。桥面两侧安装白石栏杆，龙凤柱头。该桥造型优美，雕刻精细，小巧玲珑。这种规制的石桥在清陵中仅此一例。

　　清东陵从选址、设计，到布局、结构都非常周密和讲究，殿宇、陵墓错落有致，主次分明，既体现了封建王朝森严的等级，又具备了科学性和艺术性，被联合国世界遗产专家称为"人类具有创造性的天才杰作"。

风水宝地在西陵

　　清西陵始建于雍正八年（公元1730年），到"民国"五年光绪帝陵墓修建完工，经历了180多年，是中国封建王朝历史上建造年代最晚的帝王陵墓群。

　　清西陵位于河北省易县永宁山下，是清王朝皇室的陵墓群之一。陵园建筑达50 000多平方米，共有帝陵4座——泰陵（雍正）、昌陵（嘉庆）、慕陵（道光）、崇陵（光绪）。后陵3座，妃园寝3座，王公、公主园寝4座，共14座，葬76人。殿宇千余间，石建筑和石雕百余座，大都保存完好。

　　雍正的泰陵，居于陵区的中心位置，是西陵中建筑最早、规模最大的一座。泰陵的神路，由3层巨砖铺成，两边苍松翠柏，从南往北分布着40多项大大小小的建筑。第一座建筑物是进入陵区的一座联拱式五孔桥，桥北有3座高大的石牌坊，巍然矗立。牌坊的建筑庄重、美观，色彩调和。这3座石坊，都是5间、6柱、11楼的形式，用青花石筑成，上刻有山、水、花、草、禽兽等图形，形态生动，被视为西陵建筑艺术中具有代表性的作品。

嘉庆的陵称昌陵，与泰陵并列，其规模与泰陵不相上下。嘉庆是乾隆的第十五个儿子，乾隆传位给他时就为他在泰陵南一公里的地方选好了陵址。昌陵的隆恩殿很有特色，地面铺的是很贵重的黄色花斑石，石板上还带有紫色花纹，光滑耀眼，好像满堂宝石。大柱包金饰云龙，金碧辉煌。

道光的陵称慕陵。慕陵的特点是规模小，没有方城、明楼、大碑亭、石像生等建筑，但其工程质量之坚固，则超过泰、昌二陵。整个围墙，磨砖对缝，干摆灌浆，墙身平齐结实。隆恩殿的建筑工艺精巧，大殿全用金丝楠木，不饰油彩，保持原木本色，打开殿门，楠木香气扑鼻而来。天花板上每一小方格内有龙，而且檩枋（檐枋）、雀替（雀替是中国建筑中的特殊名称，安置于梁或阑额与柱交接处承托梁枋的木构件，可以缩短梁枋的净跨距离。也用在柱间的落挂下，或为纯装饰性构件），也雕上游龙和蟠龙。这些龙都张口鼓腮，喷云吐雾。据说，这都

是道光本人的主意。原来为他选的陵址，发现地宫浸水，道光便另选一址，命名为龙泉峪。道光认为，地宫浸水，可能是群龙钻穴、龙口埕水所致，如果把龙都移到天花板上去，就不会在地宫吐水了。于是，他命千百个能工巧匠，用金丝楠木雕成许许多多的龙，布满天花藻井，造成"万龙聚会，龙口喷香"的气势。

崇陵是光绪的陵墓，在泰陵东5公里处，是中国现存帝陵中最后的一座，建于公元1909年，公元1915年完工，其时清朝已被推翻，由逊清皇室继续修建。

清西陵规模宏大、内涵丰富，其建筑技艺之精湛、品种之齐全，在中国皇家陵寝建筑中绝无仅有。其中402座古建筑，基本上是相沿明代帝后妃陵寝建筑样式修筑而成，依据清宫式做法，在严格遵守森严等级制度的同时，又不拘泥于典制，具有很强的创造性。

大红门前石牌坊一改历代皇家陵寝均设一架的规制而增至三架，在用料、工艺上更细腻、精美；慕陵殿宇的楠木雕刻已突破了其他清陵油饰彩绘做法，采用在原木上以蜡涂烫，壮美绝伦。自道光始，在陵寝建筑上稍有衰落，但是裁撤石像生、圣德神功碑亭、明楼、方城等建筑，以石牌坊代替琉璃门，又形成了一个小巧玲珑的新模式。昌西陵罗圈墙及宝顶前神路产生回音效果，隆恩殿内藻井独有的丹凤彩绘，又成为中国陵寝建筑的一个特殊例证。

"清承明制，建筑完整；规模庞大，气势恢宏；原汁原味，风貌犹存；清西陵，建筑群中的璀璨明珠。"以此来描述清西陵是最合适不过了。公元2000年，同属明、清皇陵的清西陵、清东陵和明显陵被列入《世界遗产目录》，世界遗产委员会作了如是评价："明清皇家陵寝依照风水理论，精心选址，将数量众多的建筑物巧妙地安置于地下。是人类改变自然的产物，体现了传统的建筑和装饰思想，阐释了封建中国持续五百余年的世界观与权力观"。

第八章 民居：家之所在

民居概述

中国民居建筑是中华民族灿烂文化的重要组成部分，是中国各个时代、各族人民创造的文明程度的光辉标志。不同于威严、雄伟的宫殿群体，也不同于奇丽、幽雅的园林佳境，民居有着它自己本身的特点。分布在中国广阔的土地上的各民族民居，有其优美、独特的风格：适应不同地区气候的格局、结合当地自然地理环境的外形、切合实际的功能性及鲜明的地方文化特征，这在中国传统建筑的"家族"里占据着重要位置。

中国民居建筑的灵魂来自于中华民族文化的沉淀，住宅建造是"家"之所在。在特别重视血缘与亲情的中国，"家"是一个特别富于感情色彩的地方，所以，人们对民居有一定的精神性要求，如尊卑之理、长幼之序、男女之别、内外之分等宗法伦理思想都能在民居中找到影子。

数千年来，中国所特有的强烈家庭向心性一直影响着中国传统民居的形态，而传统的民居形态又

强化了宗法伦理思想。如客家土楼结构的"心脏"——祖宗祠堂，也是古代向心性的象征，祖宗祠堂是族长聚集各户家长议事的地方，逢年过节，各族的每家都挑着各种供品，到这里祭祀祖先；男儿娶亲，须在这里拜天地、叩祖先、宴宾客；女儿出嫁，向列祖辞行后，方可罩上盖头，踏着象征团圆的大圆匾出阁；老人谢世，祠堂成了举哀发丧的灵堂。就这样，一座祠堂将家族融洽地凝聚在一起，共享天伦之乐。

中国自古以来一直延续着几世同堂的大家庭制度，而这个大家庭中以礼制为前提，即集体的秩序化，每一个处在其中的个体，都必须严格遵守封建社会的等级规范约束，即是对宗族、父母、族上的绝对崇敬和服从。"左尊于右，南尊于北"，这是血缘的坐标，这种以血缘派生出来的空间关系，数千年来，一直影响着中国传统民居的形态。如在居室的分配上深受传统文化的影响，自古面南为尊，东西次之，西北最为低卑，因此在民居分配上，祖宗多居北房，也称上房，晚辈则住两侧的偏房，正房以北有时辟有小院，布置厨、厕、驻藏、仆役住宅等，称后罩房。这种内外有别，长幼、尊卑有别、等级分明的居住方式，充分体现了中国的传统伦理观念。

民居中的"风水"观念多用象征性的图案进行寓意和暗示，祈求引福致祥。漫漫的封建时代积累流传下来的"风水"观念，在民居建设的选址、格局、坐向、规制及建筑小品等诸多方面表露无遗。

传统文化中把"趋吉避凶"看作是人的行为应当遵守的一项基本原则。中国文化把有利于人生存发展和身心健康看作"吉"，把有害于人的生存发展和身心健康看作"凶"，从而要求人们在创造有利条件、争取良好效果的同时，把不利的条件与有害的效果降到最低限度，中国传统民居也同样遵循这一原则。

建筑是时空的艺术，在建筑语言中装饰至关重要，"建筑必有图，有图必有意，有意必吉祥"，有建筑就必有装饰。基于中国传统文化的影响，民居装饰中的内容大致分为3种：其一是对劳动的歌颂；其二对幸福理想的追求；其三为淳厚的风俗故事。他们都反映着中国劳动人民的传统文化思想。

由此可见，建筑是人们的一种文化形态和存在方式，人们的文化观、宗教观、艺术观、审美观都深刻地影响着建筑的立意、构思和设计。可以说，中国古民居在建筑布局形式上和规模等级上，都受中国封建宗法观念的影响，中华民族传统文化造就了中国古民居的型制风格，中国古民居又彰显了中华民族传统文化，成为中华民族传统文化凝固的形态和表征。

民居的形式是丰富多彩的，种类之多令人惊奇。北方地区建筑多用厚重的围墙做四壁，以抗风霜、雨雪等严寒气候，而南方炎热、潮湿地区，就必须使建筑有良好的通风、防潮等功能，以造成较舒适的环境。可见气候条件影响着民居的取材、格局等各个方面。不仅是民居客观环境风貌所具有的艺术气质，而且也包含了民居建筑艺术形象所产生的感染。

中国最早为自己建造住所的先民被称为"有巢氏"，他们利用高大、阔枝的树木，在其枝干上建造成上可遮蔽风雨，下可抵御毒蛇、猛兽的"巢"，在上面进行日常生活。这样的居住形式，灵感来自树上鸟儿的巢。另一些人居住在自然洞穴中，仿佛天然的城堡。这样穴居的形式也是从动物的洞穴中得到的启发。后来，人们的手工器具、加工材料的方法进化了，掌握了修建"半地穴"式的房子的方法，开始用简单的"构件"组装成"家"。后来技术越来越先进，工艺也越加精巧，房子的宽度、进深和高度变得更大，内部可供使用的空间更加宽阔。考古学家在陕西西安半坡村发掘出一处原始人的聚落，其中已经发现有住房遗址四五十处。

从遗址上留下的成排洞穴推断，这些房屋的上部可能是由树干和枝叶搭成的屋顶，屋顶上用掺有草茎之类的泥土涂抹以防雨雪。

从陕西半坡村遗址可以看到，人类的住房逐渐由树上和地下移到地面上来了。渐渐地发展成为在地面上夯起一定高度的土台子，再在台上建筑房屋，称"土阶茅茨"。那时人类社会已经由原始发展到奴隶早期，至殷周时代的建筑已经成型，具有普及的形式了，但这时建筑的柱子用材并不规整，粗细木料排列的规律性也不强，这种情况至秦初还存在。

建筑的色彩表现为原始、粗犷，对比强烈，如黑色块、红色块、金黄色线条、土红涂刷的表面色泽及其他简单的颜色。可惜的是这些早期住房，因为都是土木材料建造，几乎没有留下实例，我们只能从绘画、雕刻和坟墓里的明器（一种殉葬用的陶制模型）上看到早期居住建筑的形象。大体上说汉代已经有大量平面为方形、长方形的住宅，已经用木结构构架，而且在有钱人的大住宅中已经有几座建筑组成的院落形式了。宋代住房形式已经发展得和明、清时代的住宅没有什么差别了。

中国地大物博，人口众多，又是一个多民族的国家，因此在中国的版图上出现了各式各样的民居样式。通过一些典型代表，来向大家展示中国民居的博大精深。

冬暖夏凉的陕西窑洞

在中国河南、山西、陕西、甘肃地区，自古以来流行着一种窑洞式住宅，它起源远古，《易·系辞下》说："上古穴居而野处。"渭河流域新石器时代的遗址，所见的都是向下挖掘的，一半在地下，一半在地上的半竖穴。《诗经·大雅·绵》说周文王的祖父古公亶父在迁岐下之前，在原住的豳地"陶覆陶穴，未有家室"。长武县碾子坡先周遗址里有横穴，则"陶覆陶穴"，有可能便是横穴式的窑洞，经3 000多年一直沿用至今。

因为这个地区多为高原黄土地带，土质坚实，而且少雨，缺乏木材，老百姓鉴于这里的自然条件，创造了多种形式的窑洞住房。一种名叫靠崖窑的窑洞，就是在天然土山崖上横向往里挖洞，洞呈长方形，宽约三四米，深有达10多米的，顶上做成圆拱形，进口安上门窗就成了一间住房。规模大的有将并列的几个窑洞横向用券门打通连成一体的；有上下做成二层或多层窑洞的；有在山崖外另建房屋与窑洞一起用围墙围成院落的。这种"靠崖窑"，是最简单的窑居形式。另一种称天井式窑，它是在平整的塬面上向下挖一个四方土坑，深约7—8米，再在方井的四壁横向往里挖洞当住房。这种窑院宁静、有很强的内聚性，独家独院，显得亲切温馨。地坑院便于保卫，比较安全，过去有钱人家喜欢这种窑院。又因为它在塬面上开挖，占用耕地二三亩，也只有有钱人才挖得起。从地面经阶梯到井内，井底院子也种植树木花卉，形成了一座环境秀美的地下四合院。人在塬面上走，只见一方又一方的地坑四处散布着，树梢从坑里伸出来，笑语声从坑里飘出来，却看不到人畜，是一种很奇异的景象。

极高智慧的陕北人民，克服缺乏建筑材料的困难，创造出冬暖夏凉的窑洞。这种建筑形式得到了当地人们的普遍认同和喜爱，出现了村村落落到处是窑洞的现象，数量极多，站在塬上极目望去，不见房屋，只见炊烟偶然从沟中升起，这是黄土塬上的特殊景观。

窑洞是借助黄土塬的先天条件创造的，看似简单，但是它的挖掘可是很有学问的。从开挖窑洞到建成，大致要经过选地、挖界沟、整窑脸、画窑券、挖窑、修窑，上土间子、装修等过程，因此需要相当长的时间。

中国人讲究风水，讲究天时、地利，因此在正式开挖窑洞前，要选择黄道吉日，将窑匠请到家中，摆上酒席宴请。在天时、地利、人和都具备之后，才能开工。首先窑匠要察看窑址是否合适，窑址的选择要避开含水层,更不能选在容易积水的地方。然后在选择好的窑址上,大致平整的崖面上画窑券的轮廓,用镢头沿轮廓挖出券形。主人家沿着画好的券形自己往里挖,挖的洞只能比券形小,不能过大,但不必整齐。这和现在建高楼大厦的原理差不多,都要先设计建筑物的大致轮廓。待窑洞挖至二三米深时,就要停下来,将洞晾半年左右,使洞壁新土风干坚硬。如果一次开挖过深,洞壁潮湿,强度很低,容易发生崩塌。这种工序的重复往往要经历两三次,直到窑洞尺寸接近预定规模。一孔高、宽都在3米左右,进深六七米的窑洞,从开工到建成要历时两年多。

窑洞粗挖完成后,洞壁凹凸不平,且略小于窑匠最初画的券形。这时还要请窑匠来最后修削定型,即像现在所说的装修。将凹凸不平的墙面磨平之后,然后砌前墙,安装门窗,即打窑土间子。窑洞内壁抹滑秸泥,压光。再做券边,贴一层砖或抹一层滑秸泥,形成一圈线脚。经济情况稍好的人家,也有将整个窑脸用一层砖满贴的。砖斗砌,大面朝外,且经过切角,拼成图案,清晰而美观。因为窑脸向后倾斜,所以这层面砖很稳定。这些也要请窑匠做才能美观。

挖地坑院,当然要先挖院坑。院坑也不是一次挖成的,和上面的工序差不多。在塬面上画好院坑范围后,先沿边开挖3米宽的地槽,直到大致6米深的预定地面,修整外侧土壁,要把土壁晾干后才能挖窑洞。这大约需要三四个月的时间。在这段时间里,把院坑剩下该挖的土挖完,形成院坑。待院坑挖成,土壁也已晾干,便可挖窑洞。窑院里还要修出入蹬道、挖渗井和水井,窑顶上平整、压实,造护墙,一个都不可少。

挖好了窑洞的大致轮廓,还不算完成。要想在窑洞里居住还得装修,不过这个比较简单,在窑洞内部抹一层掺了灰的滑秸泥,然后糊一层纸。窑洞的形式简洁,崖壁粗犷,而窑坝子上的门和窗细致秀丽,造成窑洞住居非常特殊的图景和风格。

窑洞建成后，需要常维修。俗话说："窑要人住，经常拾掇。"黄土窑最怕水患和潮气，由于土层垂直节理的作用，水在黄土中的竖向渗透能力比水平渗透能力大50倍，因此对水患要慎之又慎，修理的主要目的是防水，还有就是对老鼠洞的排查补休。

窑洞建筑的优点是既省钱又省料。经济条件差，先挖一个洞，做一副木门窗就能住人。条件好了再接着挖洞，再做比较讲究的门窗装修。窑洞四周土质厚，所以保温好，洞内冬暖夏凉，适合北方气候。但它的缺点是比较潮湿，洞内通风不好，另外还怕雨水，尤其天井式窑洞，轻者滴漏，重者可使洞穴倒塌。

四合院的礼制

四合院是北方最基本的住宅形式，其中尤其以北京的四合院最为典型。它的基本形式是由几幢单体建筑，分别放在东、南、西、北四面，建筑之间用廊子联系组成一个方形院落，所以称为四合院。

从玄武门向西，有一个毫不起眼的胡同——三庙街。这条街建成于1 100多年前的辽代，历经荣衰。这条街东起下斜街，西至长椿街，因上斜街有头庙、二庙，长椿街有三庙，均为关帝庙，故称三庙街。幽深的胡同实际上是由两旁相邻的院墙组成的，墙的里面，就是老北京的"四合院"。四合院作为北京的传统民居，在元代就已出现了。不过现存的四合院大多数是清代到公元20世纪30年代所建的。

北京四合院主要分布在京城的胡同内，胡同一般呈东西走向。北京四合院的总体布局为沿街、巷两侧布置，以中轴线左右相对称。千千万万四合院的组合构成了北京城市街区的"独特风景"，俯瞰北京城则尽是无边无际灰色屋顶的海洋，如果是在夏季每座庭院里长出的大树又冠盖相连，交织成一片绿色树木的海洋，共同组成一幅色彩斑斓的图画。

四合院的大门呈现出"青瓦灰墙映朱门"的景象，大门开在住宅街巷或胡同的南北侧，若为东西向街道则多不开街门，或仅开次要侧门。大门位置一般在院的东南角，取吉利的方向。胡同两侧的界面以大面积的灰砖墙为主调，灰墙上方青瓦屋顶连绵。四合院的大门是唯一打破这青瓦灰墙所构成连续立面的标志物，在那灰色的底片上点缀上耀眼的红色。形式上多为悬山顶或硬山顶，青瓦，有脊，檐下有砖雕花门楣装饰，门上墙头也用砖雕，木框门油漆，并在台阶上安置抱鼓石加以稳定，门两侧对称建倒座，门外道路另一侧常建立一面砖制照壁。大门内为前院，先经砖制影壁，院内有侧房，供来客和佣人居住。穿过一垂花门就进入内院，四合院的精髓在于庭院。

大型的四合院往往在中轴线上布置两进以上的庭院，包括狭长的前院、后院以及方正宽敞的中央庭院，此外还有一些位于角落的小院自成"小天地"——通过大大小小不同尺度院落的安排，构成了丰富多变的空间序列。传统北京四合院的庭院中都有一定修饰：四合院的主庭院一般设有对称的"十"字形甬路，连接垂花门、正房和两厢，垂花门是一处重点装饰物，雕梁画栋，非常华丽，揭示出内院的重要地位；内院中轴线正北为正房，而东西厢房较为低矮，宅中厨、厕、库房等房间都穿插布置于正房、厢房的拐角、隙地之中；甬路以外的四隅均可布置花木，一般会在正房前对称种植两组花木；有的宅院会在甬路正中立假山、荷花缸或金鱼缸。这些园林化的处理使得家家户户都自成一片小天地。院落空间与室内空间相互渗透、联结，这种以中为尊、主次分明的格局，体现出中国礼教的尊卑、高下等纲常之制，是北方四合院住宅的典型代表。

四合院的平面造型设计可谓是"礼制"、等级制度在建筑群上最生动的体现，并且产生了和谐有序的审美效果。四合院建筑除了在总体造型上精心设计之外，更拥有诸多富有创意的装饰和细部设计：包括花瓦、花砖、什锦花墙、砖雕、木雕、石雕、雕花甬路等许多装饰内容，且往往被设计者、使用者寄予了大量象征含义，极大地丰富了传统四合院的文化内涵。以四合院的砖雕为例，充满了象征意义，其主题通常包括以下几类。

自然花草：牡丹象征富贵，菊花象征高雅，松柏象征长寿，竹子象征傲骨，兰花象征清雅，荷花象征高洁，葫芦、石榴、葡萄象征多子等。

吉祥图案：以如意、柿子和卍字组成"万事如意"；以牡丹、白头翁组成"富贵白头"；以灵芝、水仙、竹子、寿桃组成"灵仙祝寿"；以蝙蝠、寿字组成"五福捧寿"；以铜钱、蝙蝠组成"福在眼前"等。

此外还有文化气息浓厚的文房四宝、博古图案，富于装饰性的锦纹图案，宗教法器图案，人物故事图案，等等。

山西大院

在山西省中南部地区，至今在各处保留着大量明、清时期的各式民宅，是北方民居中的精粹。从明代起，许多山西人便外出经商，致富返乡后，便在自己故里纷纷大兴土木。他们不但要舒适，而且还要华丽和坚固，以便防止强盗打劫或偷窃。门楼之下，自墙内悬挑出装饰精细、华美的梁枋，支撑起同样精致的斗拱，共同托起上面的屋顶，其上的正脊与院墙端头相平齐，给人的感觉是"见墙而不见屋"。其侧面沿街的外墙墙头上用整齐的磨制砖砌出各种透空的花样墙。大户人家几乎全是灰砖高砌、居室密集的深宅大院。这类住宅大门内为雕砌的砖影壁，进入后忽然显出内宅门，庭院布局为二进或三进的四合院。

这类住宅大门外柱旁还常竖立一石雕的上马石。门洞两侧夹立砖垛,并置门枕石,门洞相对较窄小些,相当封闭、严密,具有一定的防御作用。其内院为防风沙与日晒多采用窄天井,且庭院内正房和厢房多有廊,乡间大宅常有一座小方形砖楼供瞭望用,即所谓"看家楼",平时登楼遥望田野的确是很惬意的乐事。屋顶的形式有"人"字顶,在前廊的额枋等处,常有彩画雕刻,富丽可观。院落中轴线明确,正房相对高大、宽阔一些,有的深宅内院还有多重层院相连。院中放置花草,使单调的色彩环境变得新鲜、活泼、亲切一些。建筑的室内空间,各处构件很多,如门扇、窗、梁头、隔扇、花罩、花床、柱头,多加工精细、富于装饰性,各种手法和题材也有无穷变化。特别是,再与青砖、灰瓦相搭配,色彩极协调,给人以庄重之感。

有的大家望族的住宅里,次要的院落的平顶屋顶上还增建明楼,谓之"绣楼",这是年少女眷的"闺阁",其外形小巧玲珑,亦仿佛宅中的点景小品。除宅边院墙高筑(为防外侵、偷盗发生)之外,在外山墙顶上及容易被人翻越的墙顶都是虚砌并浮搁着,排列成花纹式的透空墙体,一旦有盗贼掠入,弄倒花墙,一可出动静惊人,二可将贼绊跌,使贼跌伤或砸伤,起到防卫和警戒的功用。现在看来,则已成一种惹人喜爱的、值得观赏的艺术装饰品了。普通人家常有一面坡屋顶,也有一面坡屋顶组成的三合或四合院。屋顶向院内倾斜,包括大门与倒座也用一面坡屋顶向院内排水。这样的建筑群外墙很高,有安全感。由于夯土做成的外墙比较高耸,有时在墙身上都装薄砖两排,增加墙身的强度并防止雨雪侵蚀墙面,同时在外观上可配合上部出檐,增加水平印象,使平坦的墙面发生变化。西北地区的院子,是南北长、东西狭的院子。

以山西的王家大院为例。王家大院位于山西晋中地区灵石县静升村腹部,被誉为"华夏民居第一宅"。不仅规模宏大,气势壮观,装饰精微,构思巧妙,而且散发出的那种华夏民族传统文化特有的精神、气质、神韵，寓意富贵吉祥的装饰图案花样层出不穷。王家大院整体建筑由高家崖、红门堡两组建筑组成，皆为黄土坡上的城堡式建筑。红门堡的平面布局为"王"字造型。这种以汉字装点建筑的手法，目的除强化建筑艺术的表现力外，还有一种引福至祥，希望后代秉承祖意加官晋爵的寓意和暗示。

王家大院的装饰艺术，集中体现在砖雕、木雕、石雕即所谓的"三雕"上，分别装饰着斗拱、雀替、挂落、照壁、帘架、柱基石、门枕石等多个方面。进入王家大院，精美绝伦的"三雕"精品随处可见，抬头木雕在目，低头石雕在前，转眼砖雕随之，可谓片瓦有致，才石生情。中国传统民居中，多数地方的每个房间或多或少都要做些装饰，平民人家把一些吉祥图案做成贴纸等贴在窗上，以表达对生活的热爱，对幸福的向往。

石头民居

中国甘肃、青海一带盛产石材，当地多以石料为主要建筑材料建造住房。这一带属于大陆性高原气候，气候特点是冬寒夏凉日照长，雨少太阳辐射强。因此当地民居主要用石构件砌筑。一般用乱石堆砌成厚厚的墙，内部密排木梁，构成楼层，为适应当地雨量稀少，气候干燥的情况，民居采用的大都是平屋顶。房屋多为平顶三开间，前出廊，中间为通堂，二到三层的小楼房，底层为牲畜房，二层为卧室、厨房，上层为经堂。

因受藏族影响，石头民居的院墙大多是红色，四角顶部放白石头。在林木多的地方，多修建2—3层楼，一层是实体砖土红墙，二三层外挑楼台，以木为栏，门窗敞亮，一般一层为厅堂和厨房，二层为居室。整个外观显得凝重而整齐。石头民居的门十分讲究，门顶按檐口的式样做了突出处理，这种形式与藏族的房屋十分相似，不过后者加入了富有宗教色彩的处理。当地民居的房顶都是平的，据说是可以用来做晒场。整个民居因只能看到围墙与门，具体的房屋样式不太清楚，似乎每家的房屋都只有一层楼，远远看上去几乎都是一样：浅黄色的泥土外形，四四方方一周围墙，围墙没有封顶，也谈不上装饰。在围墙的一角开一道门，围墙与房屋的墙连成一片整体。围墙的高度或高于房屋，或和房屋等高。

藏族地区崇信藏传佛教喇嘛教，几乎家家户户都诵经拜佛，所以经堂成了住宅中必不可少的部分，而且占据着重要的位置，室内的装饰也比较讲究。这些藏族建筑的外观，墙下部是用粗石垒造，这些粗石色彩深重，质地粗糙；上部多为白色的粉墙面，墙上开有成排的窗洞和梯形的窗套，这是藏族建筑特有的一种形式，每个窗洞上都带有彩色的出檐口，使整体造型严整而色彩华丽，表现出藏族建筑粗犷而凝重的风格。

当然在北方广袤的土地上还存在着各式各样的民居，皆因为气候、习俗、资源等不同呈现出不同的特点，是中华大地上不可或缺的璀璨明珠。

傣家竹楼

前面我们可以领略到北方民居的特色，现在来看看南方民居的小巧与奇特。说起南方就不由自主地想到水，南方和北方最大的不同无非就是水和气候的差异，北方注重保暖和防风；南方则更注重通风和防潮，这也正是影响民居建筑的重要条件。南方集中了中国大部分的少数民族，他们的住宅受气候和习俗的影响形成了自己独有的特色。

傣族竹楼是一种干栏式住宅，说是楼，其实它只有一层，只是整个房子被一根根木桩高高地撑起，倒也算得上是空中楼阁。云南西双版纳是傣族聚居地区,这里的地形高差变化较大,北部为山地,东部为高原,西部却为平原。全区气候差别也大,山地海拔达1 700米,

属温带气候;平原海拔750—900米,属亚热带气候;有的河谷平原,海拔只有500米,已经属于热带气候了。傣族人民多居住在平坝地区,常年无雪,雨量充沛,年平均温度达21℃,四季差别不大。

对此地住宅有影响的还有当地信奉的宗教信仰,以西双版纳、德宏为聚集之地,人们多信仰小乘佛教,寺院很多,并且居村寨的中心,是其中主要的公共建筑。在规划村寨建设时,在佛寺对面和侧面不能盖房子,村寨房屋方向须一致,建寨有一定的范围等几项限制,都必须加以遵守。建房时,规定劳动人民不得建瓦房,不能在房中使用通长立柱,不准使用床、桌、椅等。不准做雕刻装饰,廊子不许做3间,堂屋不能用6扇格子门,甚至楼梯也不许分成两段,楼上楼下的柱子不能用一根通长的木料,还不得用石头柱础,等等。这种种限制的确也影响了民居建筑在技术上的发展,使大量民居不可能保持很长的寿命。

该地区还有一个特点就是盛产竹材,所以善于就地取材的人民用竹子建造住房,并称这种住房为竹楼。粗竹子做骨架,竹编篾子做墙体,楼板或用竹篾,或用木板,屋顶铺草,所以竹楼用料简单,

施工方便且迅速。竹楼的平面呈方形，底层架空多不用墙壁，供饲养牲畜和堆放杂物，楼上有堂屋和卧室，堂屋设火塘，是烧茶、做饭和家人团聚的地方。傣家竹楼的房间很大，一般正中为客厅和灶房，两侧或后方隔开若干小房间为卧室。除了新婚之日，傣家人的卧室，外人是不能随便进的。卧室的排列也是有方法的，长辈在里侧，年轻人就靠近楼梯些。外有开敞的前廊和晒台，前廊是白天主人工作、吃饭、休息和接待客人的地方，既明亮又通风；晒台是主人盥洗、晒衣、晾晒农作物和存放水罐的地方。这一廊一台是竹楼不可缺少的部分。这样的竹楼一防潮湿，二散热通风，三可避虫兽侵袭，四可抗洪水冲击。因为这里每年雨量集中，常发洪水，楼下架空，墙又为多空隙的竹篾，所以很利于洪水的通过。综合上述原因，干栏式建筑是最适合云南地区傣族的居住形式。

客家土楼

在福建漳州、南靖、龙岩、永定一带有大量土楼，有方形的，也有圆形的。福建土楼是东方文明的一颗明珠，它以历史悠久、种类繁多、规模宏大、结构奇巧、功能齐全、内涵丰富著称，具有极高的历史、艺术和科学价值，被誉为"东方古城堡""世界建筑奇葩""世界上独一无二的、神话般的山区建筑模式"。

福建现存的土楼都是高大的土墙，墙上开有少量的窗洞，很像一座堡垒。这种土楼的出现不是偶然的，因为在历史上，这个地区各氏族之间经常发生矛盾和摩擦，甚至发展到武装冲突。为了保卫自己氏族的安全，要求一个家族的各户人家集中住在一起，于是出现了这种能够容纳几十户人家的大型住宅。

长方形土楼主要位于福建省西南角与广东毗邻的永定县山区内，在龙岩县也有。长方形土楼有"五凤楼"和普通长方形土楼两种。

"五凤楼"一般由"三堂两落"组成，三堂是位于中轴线上逐次升高的下堂、中堂、主楼，两落是指位于两侧的纵长方形建筑。主楼一般都有三四层以上。

圆楼又分为单元式圆楼和内通廊式圆楼。单元式圆楼中首推华安县仙都乡大地村的二宜楼，建于清乾隆三十五年（公元1770年）。该楼直径73.4米，外环4层，底层外墙厚达2.5米。全楼分隔为12单元，各单元之间有防火墙分隔。二宜楼即表现了圆融的观照，又表现了豪宕的意兴。

内通廊式圆楼中，最著名的还是永定县古竹乡高北村的承启楼。该楼建于清康熙年间（公元1662—1722年），直径73米，这是一座罕见的4圈建筑相套的土楼，外环4层，每层设712个房间，4个公共楼梯。底层为厨房和杂物间，二层储存粮食，3层以上住人，中心一环为单层的堂屋，是族人议事、举行婚丧典礼和其他公共活动的地方。第二圈建筑两层，每层设40个房间。第三圈建筑一层，设32个房间，楼的中心建筑是座祖堂。其形成原因、设计原则和长方形土楼并无区别，而环形土楼在减少日光灼射，抵抗强风袭击方面比长方形土楼更为有利。

这么大的圆楼是怎样达到防卫目的呢？从圆楼结构上看，首先是外用高大厚实的墙体。墙厚少者1米，多有达2.5米的，全部用掺石灰的黄土筑造，逐层夯实。这种灰土墙年代越久越结实，有的圆楼在战火中曾遭大炮轰击也没有损坏，可见它坚实的程度。墙的地下基础用大卵石垒砌，卵石之间压砌得十分紧密，这样可以防止攻击者挖地道攻进楼内。所有房间都向院里开窗，所以墙外面多不开窗，只在上层开有方形枪孔，作为防卫者射击和抛扔石块之用。整座圆楼大门很少，直径62米的承启楼只开有3座大门。每座大门都用石料砌成门框，门扇用厚木料制成，外面还包有铁皮，里面用横、竖两道门栓顶住大门。为了防止用火攻烧门，在门的上方还特别设计了水槽,可以将水放下,在门扇外形成一道水幕,有效地防止了火攻。楼内挖有水井,专门储存粮食,这些都是为了适应长期战乱的形势而设置的。这种在特殊形势下产生的民居,如今成了中外闻名的住宅奇观了。

吊脚楼和鼓楼

中国广西、贵州、云南一带少数民族地区,多属山区,气候潮湿多雨而且炎热,为了通风避潮和防止野兽的侵害,采用了一种房屋下部架空,称为干栏式的住宅。这一带山多水多,世代聚居在这片土地上的土家、侗族等民族的一切活动也就与这山山水水分不开。他们的房子几乎都是屹立于山水之上的一种独特建筑。这种楼房虽然只有两三层高,但它"吊"在水面和山腰,好像空中楼阁,建造并不容易。所谓"脚"者,其实是几根支撑楼房的粗大木桩。建在水边的吊脚楼,伸出两只长长的前"脚",深深地插在江水里,与搭在河岸上的另一边墙基共同支撑起一栋栋楼房;在山腰上,吊脚楼的前两只"脚"则稳稳地顶在低处,与另一边的墙基共同把楼房支撑平衡。也有一些建在平地上的吊脚楼,那是由几根长短一样的木桩把楼房从地面上支撑起来的。

从一侧的木楼梯上至二楼,是住人的地方。这一层将被隔为厅堂、卧室和厨房。厅堂中间留有一个凹槽,是冬天烤火用的;在一面墙壁上也留下了一处约50平方厘米的凹槽,那是个祭坛,用来祭祀祖先,祈求神灵保佑人畜平安、五谷丰登;楼的第三层主要作卧室;底层则是存放粮食、柑橘、农具和杂物的地方。

在吊脚楼住宅密集的侗族村子中还有一种特殊的建筑,就是鼓楼。它的形象很像密檐式的佛塔,楼内挂着一面鼓,村中有事,击鼓为号,村民即来这里集合。平时村民也在鼓楼休息、聊天、交往。

冬季楼内设炭火取暖，夏天备有凉茶供村民解渴，节日里村民就在这里聚会游乐。鼓楼全部用木料建造，平面有方形、六角形、八角形多种，外面用彩绘做装饰，在各层屋檐板上画满了各种动物、植物的彩色纹样。鼓楼高高地矗立在村子里，成了全村的政治文化中心，是侗族山村中不可缺少的公共建筑。

江浙民居

与凝重的北京四合院相对比的是活泼的江浙民居。这里气候湿润，无严寒酷暑，水流纵横，给城乡的发展带来许多有利的条件，也使这些地区的住宅具有水乡特有的一些特征。

在这种良好的自然条件之下，房屋的朝向多南或多东南。这一地区民居都为木架承重，屋脊高，进深大，防热通风效果好。另外在平面的处理上尽可能采用置小天井及前后开窗的做法，门窗基本采用低的槛窗及长格扇窗。江浙民居无论是造型还是平面处理，变化繁多，质量普遍很高。

江苏苏州市是古代的平江府，唐宋时期就是江南有名的手工业和商业繁华的城市。它地处江南平原，著名的运河环绕着城的西面和南面。苏州利用了这个有利条件，将城内交通同时规划了陆路和水道两个系统，把运河水经城墙上的水门引入城里，通过干线和分渠组成了与街道相辅的交通网。这样就使城里的许多住宅都是前面通街，后面临河，家家户户的后门都设有台阶下到河面，造成一幅特有的水乡景观。被称为"东方威尼斯"的苏州临河建筑，淡雅的水边景色是那么柔和幽静，又隐含微微漂浮意态。多少画家、诗人来此描绘吟诵这"日出江花红胜火，春来江水绿如蓝"的江南景色。

在安徽黟县的宏村、浙江楠溪江的岩头村和芙蓉村，都可以看到古代设计者将河水经过曲折的水道引到村里的景象。这些河水有的聚为集中的水塘,在水塘周围建造寺庙祠堂和住宅,每遇做佛事、办庙会,举行祭祀礼仪时,这里就成了群众聚会的场所。平日里,池塘边、大树下也是村民休息、交往的地方。灰瓦白墙的建筑,点点红绿的村民,加上水中的倒影,构成一幅绝佳的画面。江南水乡的建筑因用途的不同而自然产生了复杂的空间层次,使房间与房间之间相互联系,浑然一体。其序列不仅合乎逻辑、讲究效能,而且在视觉上惹人注目,功能安排极为合理。别具匠心的空间利用,大大丰富了建筑物视觉效果。引入村里的河水,最主要的还是让它沿着与道路并行的水渠流经家家户户的门前。流动的活水,大人在里面洗菜、洗衣,村娃在里面嬉戏玩耍,构成了水乡的特殊景致。有的住宅还巧妙地将门前的流水引入宅内,在正屋前的天井里聚水为池,池里堆一点儿假山,种几枝莲荷,平添不少情趣;有的将水流引经堂前又曲折流去,水上架设石板小桥,使住宅庭院生气勃勃。

江浙民居墙体薄,大木结构高瘦,装饰玲珑,木刻砖雕十分精细,屋面轻巧,造成了明秀轻松的外观。住宅的装修、雕刻、家具等,也有精致优美的风格。建筑以白墙、灰瓦和栗色的门窗装修,构成素静的色调。少数大宅还用彩画,构图灵活,色彩雅致,但与宫廷建筑的彩画迥然不同。白墙黑瓦在丛林溪流映照下,予人以明快的感觉,素雅清淡,韵味无穷。

广东民居

传统民居用料简单,多为土木结构,战火的烧焚和自然灾害的破坏,使房屋很难长时间地保留使用,特别是多雨的广东。广东现存的民居实例中,明代以前的只有潮州、许府等几处。广东是华侨最多的一个省份,侨乡遍及全省。侨胞往往保持民族传统,节衣缩食,积累一些金钱,返回家乡置田建屋,耀祖光宗,并求晚年过安定的生活。所以，我们现在看到的侨乡民居，往往反映出外国建筑的形式或某些构件的影响。

　　通常民居多选择依山傍水的位置，风水观念的影响颇深。宅内布局是由南面入口进入3间的前敞厅，接着敞开为一小的天井院。两旁排从厝厅，然后有后厅。入口、前厅、天井院至后厅，严格按一纵向的中轴线排列，其规格大小皆依主人的资财多寡、地位高低而显出差别。一般房屋正面阔三或五开间，再加两侧相围合的厅堂，所形成的三合院式住宅被称作"抛狮"式。其主要建筑的明间的两根檐柱多用石料（也偶有用木柱的）雕琢而成，醒目而且精致，显示其坚固性；上部为木制抬梁式，前后两坡。硬山山面作出脊头，用灰塑装饰出不同的线条及纹饰，夹以板带和平面，再在平面上配上各种装饰。屋脊为通花和正脊相组合的样式，装饰感也很强。

　　村落的中心也必定建有戏台，对面设开阔广场，供村人观赏社火及举行仪式之用。戏台用石条砌成一圈矮墙，中间空着，当有演出或其他聚会的活动时，再在石墙顶上搭架厚木板，即可成为演出舞台了。每个村子里还会有一些旧时的宗族祠堂，规模不一，但是装修都格外华丽、精致，是各个宗族敬祖尊神的礼制化建筑。有些过去曾较富足或规模大些的村落，在其近旁还建有碉楼，上开射孔、立望楼，是用作防御盗匪和进行械斗时的工事，形式有中国传统式的，也有西洋古典式、文艺复兴式、伊斯兰教式等多种，体现出当时沿海居民吸取外来文化，学习、借鉴外国艺术形式的热忱，也体现当时的建筑形式中西合璧后所产生的奇特的文化现象。

　　并列式楼房是广东民居中的一种。因为土墙壁砌筑的民居经不起频繁的强风劲雨的袭击，多采用联立式，数户一栋，并将房屋高度降低，以增加其强度和抵御力量。

　　竹筒屋，也称竹竿厝。这是广东城镇常见的一种建筑形式，正立面是单开间，而且进深非常大。常常是门厅、厨房、厅堂、起居室、书房、卧室，一栋栋的单开间，中间不断穿插小天井，平面如同竹竿一样瘦长。一个街区，由十几个或更多个竹竿厝并列而成，后面也设门。有的兄弟几个，拥有几个竹竿厝，便在两个院落之间，开一横门贯通，竹筒屋层次重叠，直线到底，有回肠荡气之势。

广东是临海城市，处在中国的边界地区，居民建筑呈现出中国传统与国外的完美结合，是中国南方比较有特色的民居。